AF607139

altamarea

Primera edición en esta colección: junio de 2025
Título original: *Pondlife: A Swimmer's Journal*

altamarea.es
altamarea@altamarea.es

Diseño de la colección: Sara Maroto Hebrero
Corrección: Gabriel Delgado González
Maquetación: María Marín

ISBN: 978-84-10435-15-5
DL: M-825-2025

Impreso por KS Printing en febrero de 2025

AL
ALVAREZ

En el estanque

DIARIO DE UN NADADOR

BARLOVENTO

Acuérdate de tu Creador ahora que eres joven. No esperes a que vengan los días malos, y a que lleguen los años en que digas: «Vivir tanto no es motivo de regocijo». Hazlo antes de que el sol se oscurezca, y la luna y las estrellas dejen de brillar, y las nubes se disipen después de la lluvia. Hazlo antes de que tiemblen los guardianes de la casa, y se encorven los guerreros, y disminuya el número de las molineras, y queden a oscuras los que miran por las ventanas. Hazlo antes de que se cierren las puertas que dan a la calle, y el ruido del molino deje de oírse. Hazlo antes de que las aves eleven sus trinos y ninguno de sus cantos pueda escucharse. Luego vendrá el temor por las alturas y se experimentará terror en el camino; entonces el blanco almendro florecerá, la langosta resultará una carga, y hasta el apetito se perderá, porque el hombre va camino a su última morada, y por la calle andarán los que llorarán su muerte. Hazlo antes de que se reviente la cadena de plata y se rompa la vasija de oro, y el cántaro se quiebre junto a la fuente, y junto al pozo se venza la polea. Entonces el polvo volverá a la tierra, de donde fue tomado, y el espíritu volverá a Dios, que lo dio. Vanidad de vanidades, dijo el Predicador, todo es vanidad.

Eclesiastés, 12

Ya no fabrican espejos como los de antes.

Tallulah Bankhead

PREFACIO

Me encantan las palabras y todo lo que se puede hacer con ellas, y me encanta la intrincada tarea de usarlas bien; pero sentarse a escribir, leer libros y mirar por la ventana requiere una disciplina nada fácil para una persona inquieta y adicta a la adrenalina como yo. El mundo material siempre me fascinó tanto como el mundo de las ideas, y muchas veces me valí de la escritura para satisfacer mi necesidad de estar en contacto con la naturaleza, de hacer cosas, de conocer lugares y de probar todo lo que estuviera a mi disposición.

Años atrás, cuando era joven y arrogante, adquirí la costumbre de salir a jugarme la vida —más que nada en las montañas, pero también en mi carrera profesional—. Mi amigo Mo Anthoine, que compartía este hábito, lo llamaba «alimentar a la bestia», y yo alimenté a la mía sin ninguna prudencia, convencido de que no tenía nada que perder. Nací con algo que aparentaba ser cáncer; los médicos —y también mis padres, hasta donde sé— daban por hecho que difícilmente alcanzaría la pubertad. Quizá yo percibí sus temores y llegué a compartir esa certeza. Por los motivos que fueran, jamás creí en mi propia inmortalidad; siempre me consideré una persona con las horas contadas, alguien que nunca iba a tener que preocuparse por cumplir tres veintenas y diez años más.

Sin embargo, logré festejar mi cumpleaños número sesenta con un ascenso que ya había hecho una década atrás —y esa segunda vez me resultó incluso más fácil—. «Puedo seguir con esto para siempre», pensé. Estaba equivocado. En 1960, en Gales, me había fracturado una pierna que nunca quedó del todo bien, y después de treinta años de uso intensivo el cartílago del tobillo estaba completamente desgastado: todavía podía caminar, aunque con mucho dolor, hueso contra hueso. Durante unos meses opté por ignorar la situación, pero el verano siguiente, en Italia, casi no pude ni renquear hasta la base del lugar que quería escalar. Por un tiempo sostuve la farsa del montañismo en los riscos de Harrison, unos peñascos bajos al sur de Londres, hasta que finalmente —y a regañadientes— dejé de intentarlo. Tenía sesenta y tres años.

Más adelante, sin embargo, empecé a darme cuenta de que la vejez no implicaba —necesariamente— una existencia póstuma: se trataba tan solo de una vida distinta, y más me valía aprovecharla mientras durara. Sí, puede que el cuerpo se me estuviera cayendo a pedazos, pero en cierto modo nunca me había sentido más vivo, ni el mundo me había parecido un lugar más hermoso, más deseable, más conmovedor. Nado en las aguas ambarinas de los estanques de Hampstead Heath desde muy joven; ahora voy casi todos los días, los doce meses del año. Este libro es una crónica de algunos de esos chapuzones.

2002

Miércoles 27 de marzo, 11ºC

Los cormoranes se fueron hace un par de semanas, las gaviotas un poco después. Nunca hubo más de seis o siete cormoranes, pero sí cientos de gaviotas. Cada tanto, cuando me tiraba al agua, una nube enorme de gaviotas levantaba el vuelo graznando. Mi rutina consiste en nadar rápido hasta la marca de los veinticinco metros, con la cabeza en el agua, en crol, después girar y volver flotando de espaldas, más despacio, contemplando el cielo, las nubes y el tiempo que hace. Y ahí estaban las gaviotas: amontonadas, irascibles, armando un escándalo tremendo.

Eso fue la semana pasada. Ahora las gaviotas ya no están, las otras aves se dedican a anidar y los cisnes tomaron posesión. Hicieron su nido en la orilla de enfrente, pero se quieren quedar con todo el estanque para ellos solos. También la semana pasada los socorristas quitaron la soga de los veinticinco metros, y eso cambia las cosas: cuánto tiempo paso en el agua, qué distancia nado y cuánto frío estoy dispuesto a tolerar son cuestiones que ahora solo dependen de mí. El primer truco es nadar hacia donde no estén los cisnes, porque no les gustan los intrusos. Hay dos gansos canadienses que llegaron desde el estanque de los barquitos, aquí al lado, tal vez a anidar, pero en cuanto los cisnes los ven, corren a espantarlos. Pasa lo mismo con las gallinetas y las gallaretas, que se mantienen a distancia.

Esta mañana los gansos estaban sobre el muelle. Se bambolearon frente a mí con cierto desprecio, y en la punta de la plataforma se dieron la vuelta, como para sentar posición. Les dije «¡que os den!», y seguí avanzando. Saltaron pesadamente al agua y volvieron flotando, como esperando a que me fuera. Cuando me metí tras ellos, se escaparon.

Jueves 28 de marzo, 11ºC

Hasta hoy, cada vez que bajaba la pendiente desde el coche hacia el acceso al estanque, me golpeaba una ráfaga de aire frío justo a la altura de las tres hayas grandes. Tal vez sea porque hay una serie de cuatro estanques —el de hombres, el de los barquitos, el de mujeres y el otro más agreste, donde anidan las garzas— y eso genera un pasillo de aire frío. Pero hoy no. Por primera vez en el año el aire en la cara me pareció tibio. Y como ayer habían pasado la podadora todo olía a césped recién cortado. Fue como zambullirse en un capullo de dulce verdor.

Chris Ruocco, el sastre, trajo mis pantalones nuevos de corderoy verde y me los probó después de nadar. Me los probó como corresponde: él arrodillado con la boca llena de alfileres, inclinando la cabeza con gravedad, frunciendo los labios, haciendo algunos ajustes. Todo muy profesional, salvo que estábamos en los vestuarios de uno de los estanques de Hampstead Heath: un recinto al descubierto, con suelo de cemento y aleros de chapa acanalada.

Viernes 29 de marzo, 11ºC

Otro día radiante y sin nubes. Los capullos del castaño de Indias que hay arriba, al comienzo de la cuesta, todavía están verdes, pero ya empiezan a desenroscar los dedos. Igual que los tres árboles altos camino al estanque: breves espigas en el haya americana, brotes pegajosos en las hayas rojas. Hasta la semana pasada todavía eran bultos completamente cerrados en las puntas de las ramitas. La temperatura del agua es la misma, pero la superficie parece de cristal, así que nado más que antes y vuelvo muy despacio. El lugar está lleno de gente que descansa y toma sol, y el recinto nudista, al lado, ya parece repleto. Es Viernes Santo y nadie tiene prisa. Vine con Anne. Mientras nado, ella sube a paso rápido hasta la cima de Parliament Hill, y después vuelve dando un rodeo para encontrarse conmigo en el sendero entre los estanques. Llega llena de energía, con las mejillas rozagantes, los ojos encendidos; golpea una rama para espantar a un cisne que acaba de confiscarles el nido a unas gallaretas. Está ahí echado, acicalándose, mientras las dos gallaretas chillan indignadas. Cuando intentan reclamar su propiedad, el cisne despliega el cuello con elegancia y les sisea.

Sábado 30 de marzo, 11ºC

Un día perfecto de primavera, aire suave y agradable. A las diez de la mañana el lugar está curiosamente desierto —tal vez, como es Pascua, todo el mundo decidió dormir hasta tarde—. Nadé casi hasta la soga externa. El agua todavía fría, el aire tibio. Fue hermoso. Después Anne y yo desayunamos a lo grande en la cantina, que regentan unos italianos. Ahora me reconocen y me saludan como si fuera un cliente bastante más habitual de lo que en realidad soy. Sirven raciones enormes, los tomates me resultan particularmente deliciosos, el personal es muy atento y el lugar es baratísimo. Mucho más bonito que el Café Mozart en la otra calle, pretencioso y siempre repleto.

Domingo 31 de marzo, 11 °C

Toda la semana me pareció que estábamos en mayo; ahora hemos vuelto a marzo: encapotado, con amagos de lluvia, viento frío. Subí al coche con una resaca de póker, de esas que te quedan cuando sabes que jugaste mal. O, mejor dicho, empecé jugando bien y ganando, después me descuidé, o me arriesgué demasiado, o me cansé —o quizás esas tres cosas juntas— y terminé perdiendo miserablemente. No le puedo echar la culpa a nadie más que a mí, y así lo hago. Y ahí estaba yo la semana pasada, felicitándome por mi profesionalismo. Bueno, así no juegan los profesionales. Después tomé algo con Adam y Ben; los dos me caen muy bien. Y claramente el sentimiento es mutuo, aunque eso no evitó que se burlaran y me trataran como a un viejo tonto. Y me tuve que aguantar, todo con chistes y buen humor, pero por dentro hervía de resentimiento.

Nadé incluso más que ayer y sentí que el agua estaba casi tibia. Igual que el aire al salir. Pero el viento me golpeó enseguida. Me vestí lo más rápido que pude y conduje hasta casa con la calefacción encendida. El estanque parece extrañamente vacío sin las gaviotas. Los cisnes y los gansos estaban en la otra punta, y el agua era toda para los patos, las gallinetas y las gallaretas.

Martes 2 de abril, 11 °C

El aire y el agua siguen fríos. Como dice el poeta: «La primavera se va acercando lentamente». Otra vez los gansos ocupan el muelle y me obligan a arrearlos y esperar a que se aparten para poder tirarme. Uno me deja clara su opinión cagando prodigiosamente mientras mi cuerpo está a punto de tocar el agua, así que tengo que girar en el aire para esquivar la enorme mancha blanca que se hunde en el estanque. Cuando me estoy secando, llega Jeff y me pone al día con los resultados de las veladas de póker.

Miércoles 10 de abril, 11ºC

Una semana en Italia. Lo único paradisíaco en Paradiso resultaron las glicinas, completamente en flor, sin hojas, la casa entera cubierta de capullos violeta pálido, como una tarta de boda desaforada, y todas las abejas de la Garfagnana ahí reunidas, celebrando ebrias. Pero hubo nubes bajas y viento frío, y llovió la mayor parte del tiempo. Hicimos lo que teníamos que hacer: echamos a una empleada de la limpieza, contratamos a otra y ordenamos la casa. Después nos acurrucamos frente al fuego y leímos. Fue un alivio volver a Londres y a la calefacción central.

Aquí también hace bastante frío, pero al menos el cielo está despejado. La primavera se ha acelerado esta semana. Los árboles van recuperando las hojas y el césped es de un verde muy brillante. Son esos momentos en los que todo vuelve a empezar y yo paso el tiempo recordando el *Troilo y Criseida* de Chaucer:

«Oh, gente dulce y fresca, ya sea él o ella…».

Los socorristas sacaron del muelle la alfombra de yute, las aves se aparean en sus nidos y el estanque parece desierto. El viento produce olitas fugaces y el sol les arranca destellos. Todo se mueve y resplandece. Es como zambullirse en *champagne.* Esto es lo que más extraño cuando estoy en Italia. Los estanques del Heath son parte de mi vida desde que tengo once años, y me resultan cada vez más importantes. Nadar temprano por la mañana en estas aguas ambarinas fue lo que me mantuvo a flote mientras mi primer matrimonio se derrumbaba; estaba nadando con Anne Sutton en el estanque mixto cuando apareció Ursula como una tromba y puso fin a nuestro matrimonio. Y me mantienen a flote ahora que los paseos a pie por el Heath me resultan casi imposibles. Esos viajes infinitos y despreocupados, esa insaciable necesidad de moverme, de ver, de descubrir lugares y gente desconocida, de probar cosas nuevas. Ahora estoy de vuelta donde empecé. Tenía seis meses cuando mis padres dejaron Bloomsbury y se mudaron a Hampstead. Y la verdad es que nunca me fui.

Jueves 11 de abril, 11ºC

Viento frío del este y un sol pálido. El agua, deliciosa. Uno de los cisnes estaba en su nido, en la orilla opuesta; el otro patrullaba de acá para allá a unos veinte metros. Nadé más que ayer, pero no me acerqué tanto como para llamarle la atención. Los gansos se bamboleaban en la orilla izquierda, molestando a un pescador; así que, sin contar a un par de patos, el cisne y yo tuvimos todo el estanque para nosotros.

Sábado 13 de abril, 11ºC

Tiempo raro: el verde se espesa en las hojas, hay tenues toques de color en algunos espinos, los narcisos bailan hace semanas y los jacintos empiezan a asomar la cabeza. Pero parece invierno; el cielo está encapotado, el viento llega desde el noreste, ártico. Hace más frío fuera del agua que dentro.

El verano pasado, Danny —uno de los socorristas— me enseñó un cuento que había escrito sobre algo que vio en la selva de Tailandia. Danny está curtido y en muy buena forma: corre, boxea, entrena. ¿A quién se le hubiera ocurrido que quería escribir? Un amigo tailandés, su mentor, imprimió el texto y se lo encuadernó prolijamente con tapas azules. Me lo mostró muy orgulloso.

—Sé que tengo mucho que aprender —me dijo—, pero por algo se empieza.

Los socorristas me parecen un grupo excelente. Son todos unos enfermos del deporte. Les, el que me compró el viejo Saab, entrena con la bolsa de arena y nada como un demonio. Steve corre, y hace poco empezó a escalar. (Le regalé un ejemplar de *Alimentar a la bestia* y desde entonces me cita todo el tiempo los chistes de Mo). Terry, el jefe, exsoldado, tiene todo el cuerpo tatuado y un poco de sobrepeso; mantiene a las multitudes veraniegas a raya con gran autoridad. Sabe todo sobre la vida silvestre del Heath: árboles, flores. Su esposa estudió Literatura en un curso universitario a distancia. Es increíblemente delicado con los chicos, como un tío cariñoso, y a los *habitués* nos cuida con una especie de ternura impostada. Sobre todo a los viejos. Cuando me meto en el agua siempre presta atención, y se asegura de que no me quede demasiado tiempo si está muy fría. En caso de que tengan que rescatar a alguien cobran un bono de 5,80 libras, algo que ya se convirtió en un chiste interno. Creo que les caigo bien a todos, pero no porque cada tanto me vean en televisión, o lean en los diarios algo que escribí, sino porque soy exatleta, igual que ellos. La cojera es pura mala suerte. No por eso me respetan menos.

—Una vez estás dentro del agua no me preocupa —dice Terry—, solo tengo miedo de que te caigas del muelle.

El estanque es como un club, pero mucho mejor: amable pero nunca invasivo; todos ligados por una misma pasión; muy superior al Beefsteak, y sin cuota anual.

Domingo 14 de abril, 11°C

Domingo, así que Anne se fue a dar una vuelta mientras yo nadaba. El verde se pone cada vez más verde, pero el cielo sigue cubierto y sopla el mismo viento frío. Aunque después, al salir del agua, las nubes se abrieron un poco y me sequé sin apuro con un aire que parecía efectivamente primaveral. Hoy también los gansos canadienses tomaban sol sobre el muelle. Pero esta vez, en lugar de marchar indignados delante de mí para después tirarse al agua, apenas se movieron lo suficiente como para dejarme pasar y sisearon sin demasiada convicción.

Hoy se corrió la maratón de Londres. Nos levantamos tarde, así que cuando llegué al estanque ya había terminado. Los socorristas y los corredores domingueros no hablaban de otra cosa: el ganador de la categoría masculina había roto el récord mundial con 2:05:48, y una chica inglesa había ganado en su categoría con un tiempo de 2:18:56. Y hablamos de 42 kilómetros, lo que da un promedio de 7,2 kilómetros por hora. Yo estudiaba en Oxford cuando Roger Bannister corrió por primera vez mil seiscientos metros en menos de cuatro minutos. Los tiempos y las aptitudes físicas han cambiado mucho. Nadé un poco más que de costumbre, como para demostrar que los viejos también podemos, solo eso.

Martes 16 de abril, 11°C

Un día brillante, sin nubes, todos los árboles con capullos: cerezos, manzanos, etcétera. (Aunque no son las flores de mayo: ese estallido de blanco extremo que vi el otro día es una cosa completamente distinta). Dejé el coche en West Hill para que lo lavaran los kosovares, después me arrastré cuesta arriba entre el tráfico hacia el estanque. Me sentía fatal; me dolía el tobillo, me dolían las piernas, me dolía la cabeza.

Anoche jugué al póker en el Vic y perdí. Después decidí que iba a leer hasta quedarme dormido en lugar de tomar una pastilla; obviamente, casi no dormí. Perder es siempre deprimente, pero en este caso la depresión fue más grave porque me senté al lado de Ron, un jugador afrocaribeño bastante desaforado. Por lo general es el tipo de participante que viene bien en una mesa porque tira el dinero como si fuera confeti; esta vez tuvo suerte conmigo en un par de manos bastante cargadas y a partir de ahí empezó a tratarme como a un viejo gagá… De hecho, me decía «viejo». A la larga tuve mi revancha —lo dejé seguir apostando en mi contra cuando yo tenía escalera de color—, pero en definitiva terminé perdiendo, y con la certeza de que me lo merecía. Fue una partida difícil y yo jugué sin ningún rigor.

Así que efectivamente me sentí viejo mientras renqueaba cuesta arriba, maltrecho, apesadumbrado, deprimido. Pero después doblé en Millfield Lane, dejé atrás el tráfico y el humo, y de la nada brotó un día de primavera espléndido: todo en flor, los pájaros como locos, el agua centelleante. Nadé casi hasta la otra punta, después me sequé despacio y me llené de sol. Mejor no se puede estar: el agua todavía fría, sol intenso. Los socorristas pusieron tumbonas frente a su cabañita. Se relajan ahí sentados y toman el sol muy satisfechos. Debe de ser uno de los trabajos más agradables de Londres.

Miércoles 17 de abril, 11ºC

Otro día precioso: agua fría, sol intenso. Nadé hasta la soga externa, después volví muy despacio, contemplando el cielo. Las nubes escandalosas de gaviotas hace rato que se fueron, y ahora las palomas ocuparon el lugar; vuelan en parejas, con prisa, como si tuvieran algo importante que hacer. Un avión de Virgin sube majestuoso desde Heathrow; las alas y el fuselaje resplandecen, el enorme timón de cola es de un rojo profundo. Como tengo los oídos bajo el agua, parece que se moviera tan silenciosamente como los pájaros.

Jueves 18 de abril, 11ºC

Hoy el aire está más frío. A las diez, cuando entro a nadar, el cielo está manchado de nubes altas y tenues que se van amontonando sin pausa toda la mañana hasta que amenazan con lluvia. Sobre el perímetro del estanque pusieron más de esas bolsas enormes y azules llenas de paja para proteger el agua de las algas. Cuando nado cerca, las puedo oler; huelen a podrido.

Sábado 20 de abril, 11ºC

Al fin un día de primavera perfecto: aire tibio, suave, delicioso; todo florecido. La temperatura del agua no cambió —todavía—, pero eso incluso mejora la natación. En el estanque, curiosamente, no había aves. Uno de los cisnes daba vueltas por la orilla izquierda, lejos, y una pareja de patos llegó cuando yo ya había salido, así que nadé solo. Mejor, imposible (¡sobre todo porque además anoche recuperé casi todo el dinero que había perdido el lunes!).

Domingo 21 de abril, 11ºC

Tal vez sea porque me estoy haciendo viejo y el tobillo me molesta cada día más, pero lo cierto es que este año no logro sobreponerme al despilfarro brutal de la primavera. Flores por todas partes, no solo en los árboles sino también en las calles y sobre los coches. Y qué rápido hace lo suyo: llega cuando uno todavía no está listo y se va antes de que podamos asimilarlo. Sales por la mañana y descubres que la mitad de lo que había en los árboles se cayó o se pudrió durante la noche. Y también está el resplandor de los verdores nuevos: o bien son luminosos y transparentes, como si el follaje fuera apenas un filtro para el sol, o bien tienen un brillo intenso y pegajoso, como si los acabaran de sumergir en un torrente de luz. Hoy en el estanque solo avisté un par de somormujos (¿recién llegados?) pero, por allá, en la orilla opuesta, estaba mi vieja amiga la garza; este año aún no la había visto. Quizás se sintió atraída por el hedor de las bolsas de paja. Nadé directamente hacia ella, después me di la vuelta para quedar de espaldas y le clavé la mirada. Me observó con desdén durante un rato, y después muy despacio, cansinamente, como si estuviera aburrida o tuviera artritis, estiró el cuello, batió las alas y se alejó volando —como escribió Hardy— «con un ruido seco y profundo, como si se abrieran puertas y postigos».

Martes 23 de abril, 12ºC

El primer día verdaderamente caluroso en todo el año y de pronto había tanta gente y tal cantidad de coches que tuve que aparcar al pie de la cuesta. Mientras subía hacia la entrada escuché que algo en el estanque resoplaba de acá para allá, como si fuera un barco de vapor. Siguió bufando en la distancia mientras me cambiaba. Sobre el muelle había dos gansos canadienses medio dormidos y sin ganas de moverse. Cuando pasé por al lado, con toda delicadeza, uno arqueó el cuello para demostrarme su disgusto y volvió a hundirse en el sueño. El barco de vapor resultó ser un nadador yendo de un lado para el otro, empujando una tablita de plástico para practicar la patada. Estaba completamente vestido de hombre rana: traje negro de hule decorado con parches de un magenta brillante, aletas, capucha, guantes. ¡Una tonelada de cosas justo el día en que el agua por fin llega a los doce grados!

Ayer hizo calor, hoy mucho más. Nadé hasta la otra punta y volví dando un largo rodeo. Por primera vez en este año el cemento del muelle estaba lo suficientemente templado como para no tener que usar chanclas, y de camino a casa el abrigo sobre la camiseta me pareció demasiado.

Antes de nadar estaba rendido y exhausto: venía de dos días catastróficos. El domingo a la tarde (hoy es martes) me quedé atascado en el tráfico —en Park Lane, de camino a la estación Victoria— cuando iba a buscar a Anne, que llegaba en el Gatwick Express. El coche había estado perdiendo agua (puede que durante semanas) y yo no me había dado cuenta. Cuando volvíamos a casa se recalentó y se sopló una de las juntas del motor. La asistencia llegó bastante rápido, pero un domingo a esa hora no se podía hacer gran cosa, así que a la mañana siguiente tuve que esperar cuatro horas hasta que vino la grúa. Después corrí hasta Swiss Cottage para retirar el coche que había alquilado. De ahí conduje hasta el aeropuerto de Standsted para buscar a Savannah. Llegué a las cuatro, su avión estaba programado para las cinco; tiempo de sobra para una bebida fría y un sándwich, me dije, y me sentí bastante satisfecho. Pero era obvio: el avión llegó cuarenta minutos tarde, y después la recogida del equipaje llevó tres cuartos de hora. Eran más de las seis y media cuando la pobre chica logró pasar por inmigración. Ya estoy demasiado viejo para estas cosas. Necesitaba las aguas frescas y dulces del estanque para limar tantas asperezas. ¿Cómo haría si no para mantener la cordura?

Jueves 25 de abril, 13ºC

Otro grado centígrado. Creo que no me gustaría que subiera mucho más. Cuando volvía nadando de espaldas, contemplando el cielo, las garzas pasaron volando en círculos, despacio, haciéndome compañía.

Sábado 27 de abril, 12,5ºC

Ayer, que estuve muy ocupado como para nadar, llovió sin pausa. El viento cambió y empezó a soplar desde el este, volvió a hacer frío y las flores caídas volaban y golpeaban contra el parabrisas como si fueran copos de nieve. Hoy el viento sigue desde el este: sentí más frío fuera del agua que dentro.

Pero mientras me secaba salió el sol y de pronto fue un día perfecto de primavera: tibio y fresco; ventoso, con sol y nubes veloces. Durante dos semanas al año, cuando se abren las flores de mayo, Inglaterra es el lugar más hermoso del mundo —hay pimpollos en todas partes, e incluso las calles quedan inundadas por ese olor dulzón—. En el estanque el perfume es todavía más intenso, y los árboles están en su mejor momento: las hojas ya brotaron por completo, pero todavía son tenues y frágiles (como mis nietas). Es bonito estar vivo.

Domingo 28 de abril, 12ºC

Otro día de primavera; sol y chaparrones fuertes, contrastes intensos —a ratos un cielo negro como la noche y, al cabo de un instante, sol—. El viento forma unas olitas resplandecientes: se mueven tan rápido que antes de zambullirme siento un poco de vértigo. No hay aves en el estanque, sin embargo, el aire está repleto del canto de los pájaros. Tampoco hay gente en el agua; nado solo. Los *habitués* van apareciendo de a poco y el agua todavía está demasiado fría para las multitudes veraniegas.

«Ah, estar en Inglaterra | ahora que llegó abril».

En días tan hermosos como este, cualquier cliché funciona.

Martes 30 de abril, ¿12ºC?

Un clásico día salvaje: vendavales, tormenta de flores, los árboles se sacuden como locos. Tiradas en la cuesta, camino al estanque, unas bragas y un calcetín blanco; imagino que se las olvidaron ahí antes de que cambiara el tiempo. Según la pizarra, la temperatura del agua es de trece grados, pero parece más fría, y las dos capas de ropa no me resultan suficientes. En la otra orilla, uno de los cisnes persigue a los gansos canadienses, y una solitaria pareja de patos avanza por las aguas agitadas. Sin embargo, las lilas y las rosas ya se asoman sobre las tapias altas de las casonas que dan a Millfield Lane, y todo está en flor. Me visto rápido y conduzco hasta casa con la calefacción encendida.

Jueves 2 de mayo, 13°C

Después de varios días de chaparrones y vientos intensos, esta mañana el tiempo mejoró, aunque hacia el este todavía quedan bancos de nubes que amenazan lluvia para más tarde. Trece grados es una temperatura perfecta: suficientemente punzante como para mantener el agua fresca. Nadé hasta la soga externa y volví por el camino más largo, casi dejándome llevar; después de un par de días de agotamiento, hoy salí del agua renacido. Los castaños de Indias ya tienen todas las velas encendidas, los espinos están glaseados de flores, hay un olor dulce en el aire. Mientras nadaba, Chris, el sastre, hacía su circuito diario; una mañana sin aves en el agua. Quizás sea el momento en que los pichones están a punto de romper el cascarón, y muy pronto los padres van a desfilar guiando flotillas de anadones, polluelos, ansarinos y como sea que se llamen las crías de las gallinetas y las gallaretas. Pero hoy, nada. Hasta el cielo parecía vacío.

Viernes 3 de mayo, 13°C

Otro día radiante, voluble: todo sombras y resplandores, sol intenso, viento frío. Ni señales de los cisnes; los que sí volvieron son los gansos, los patos y las gallaretas: nadan de dos en dos. Incluso las palomas parecen volar en parejas. Nadé hasta las bolsas de paja de cebada —que siguen oliendo pésimo— como para recuperarme de lo de anoche: lectura de poesía en el Voice Box y una cena carísima y mediocre en el People's Palace. Ahora que salió mi *New and Selected Poems* quiero empezar todo desde cero. Mañana vuelve a abrir el estanque mixto. Así que este podría ser mi último día en Highgate durante un par de meses.

Domingo 5 de mayo, 12°C

Otra vez en el estanque mixto. Un día fresco y encapotado; el agua un poco más fría que en Highgate. Pero anoche comí y bebí demasiado, y me quedé despierto hasta tarde, así que necesitaba el frío. Es bonito volver, sobre todo porque tengo el lugar para mí solo. Aquí el agua es más turbia, y el sol pega menos, pero el estanque en sí es mucho más bello: rodeado de árboles que se vuelcan sobre el agua, un lugar casi desconectado del mundo. Los paseantes domingueros del Heath desfilan por el sendero, pero están demasiado lejos como para que me resulten una molestia. Me ducho —comparada con la del estanque, el agua parece tibia— y me siento en un banco a secarme y ponerme la ropa. Desde ahí ya no se ve el camino. Podría estar en cualquier parte. Es decir, en cualquier parte menos en medio de una gran ciudad. El lugar está lleno de flores de mayo y el perfume espesa el aire. Mi olor favorito.

Martes 7 de mayo, 13°C

Una mañana oscura, silenciosa y sin viento. Lluvia suave, de esas que te empapan sin que te des cuenta. Como prefiero no mojarme y quiero comprar el pan en Rumbold, decido ir en coche hasta Highgate. Error. El coche está cubierto de flores de cerezo, no logro sintonizar la radio y el tráfico es espantoso. Pero la natación es perfecta, el estanque parece de cristal, con un único cisne flotando sobre su propio reflejo. Hacia el mediodía ya se disiparon las nubes, hay sol, el aire está tibio y da la sensación de que el verano por fin estuviera en camino.

Jueves 9 de mayo, 12ºC

Día invernal, como si el almanaque hubiera retrocedido un mes. Llegué al estanque mixto desde el sur, que en esta época del año por lo general es un largo desfile de espinos glaseados. Pero hacía tanto frío que casi no pude oler el perfume sin hundir la nariz en las flores. El agua sigue fresca, pero a mí me parece deliciosa, así que nadé hasta la boya más lejana. Cuando volvía hacia el muelle, de espaldas como siempre, un cisne voló sobre mi cabeza y fue a posarse cerca de la orilla, las patas negras extendidas, las enormes alas blancas desplegadas. Un aterrizaje sorpresivo y espectacular. Entendí lo que habrá sentido Leda. Flotó cerca de mí y nos observamos con recelo mientras yo nadaba hasta la escalerita. El aire está repleto del arrullo de las palomas: cinco notas lastimeras que se repiten una y otra vez. Me pregunto qué se estarán diciendo.

Domingo 12 de mayo, 13ºC

El viernes fui en coche hasta Far Park. Ayer fui con Anne a volar en el Dragonfly de Torquil: nos llevó a Yeovilton para visitar el Museo de la Aviación Naval, etcétera. Anoche volvimos en coche desde Rendcomb, y esta mañana, después de los atascos, necesitaba con urgencia un poco de natación para recomponerme. También tenía que lavar el coche, así que conduje hasta Highgate. Otro día frío y oscuro, aunque aquí el agua está un poco más templada que en el estanque mixto —la temperatura ideal—. Mientras nadaba, sentía cómo iba dejando atrás los dolores.

Martes 14 de mayo, 12ºC

Ayer llovió sin pausa y rugió el viento. Esta mañana me desperté en un día primaveral en blanco y negro: nubes oscuras, estallidos cegadores de sol. Los zorzales se bañaban en los charcos, como preparándose para un verano que se sigue demorando. Las ceremoniosas hileras de flores de mayo están completamente encendidas, pero por culpa del frío sueltan de muy mala gana su perfume embriagador —y solo cuando uno mete bien la nariz—. Da igual, ya casi es demasiado tarde para eso: las flores están empezando a caerse. El viento las saca del sendero y las va empujando hacia el muelle. Cuando me tiré al agua, una pareja de gallaretas y sus dos crías diminutas nadaban entre las flores muertas, las alimentaban con pequeños manjares. Para cuando salí a la superficie, habían desaparecido.

Volví nadando de espaldas; el cielo era puro espectáculo: densas nubes tormentosas de un negro violáceo, grietas amplias de cielo azul, sombras oscuras y haces de luz. «Y luego el trompetista, el sol»: ¿y eso de quién es? Suena a Stephen Spender. Ese desborde de emoción falsa y grandilocuente. También se parece a las porquerías que escribía yo de adolescente. (¿Y si lo escribí yo? Podría ser). Hoy igualmente resulta acertado. Me quedé en el agua mucho tiempo, contemplando el show, y después tardé un buen rato en recuperar la temperatura corporal.

Jueves 16 de mayo, ¿12 ºC?

El primer día de verano en serio. Cielo sin nubes, aire tibio incluso a las nueve de la mañana —lo bastante tibio como para que las frustradas flores de mayo suelten un poco de dulzor—. Una gallineta armó su nido en unos arbustos cerca del banco en el que me cambio; se asomó de repente, me miró atónita y volvió a escabullirse en su refugio. Las crías de las gallaretas parecen haber crecido en solo dos días. Estaban con sus padres al lado del muelle, como siempre, y cuando me acerqué el macho giró y se me enfrentó, desplegó las alas, hundió el pecho en el agua, abrió grande el pico y emitió un siseo ahogado: «Vete a la mierda» en idioma gallareta. El agua estaba fresca, deliciosa, más transparente que antes, y más tibia. No creo que Terry se haya molestado en tomar la temperatura. Volví flotando, muy feliz, deseando que el placer no terminara nunca.

Sábado 18 de mayo, 16,5ºC

Cae, cae la lluvia suave, pero no parece haber viento del oeste. Aun así, después de apenas dos días de verano el agua está súbitamente más tibia —volvió a superar los quince grados por primera vez desde septiembre—. La verdad, no querría que subiera más, aunque sé que es inevitable. Las multitudes van a invadir el paraíso y ya no voy a tener el estanque para mí solo. Así que lo disfruto mientras puedo. Hoy comparto el agua con una pareja de gansos canadienses. Hay nubes bajas y se mueven rápido: están repletas de vencejos y de golondrinas que vuelan en círculos.

Terry me cuenta que el yerno de Rudolph por fin se puso en contacto con él por el asunto del banco conmemorativo.

—Lo podemos poner ahí mismo —me dice—, debajo del árbol que hay al lado de la cabaña. Lo podrías compartir con Rudolph. Nosotros iríamos a descansar el culo encima de vosotros.

—Seguro —le respondo—. Le voy a decir a Anne que venga a hablarlo con vosotros, así después ella lo arregla con el de la funeraria.

Los chistes de siempre, pero en el fondo me molesta mucho la idea de tener que compartir la eternidad con alguien más en mi estanque adorado —incluso con el bueno de Rudolph—. Después de todo, vengo a nadar aquí desde que tengo once años, hace ya sesenta y dos, y sin duda eso amerita un banco propio.

Domingo 19 de mayo, 16,5°C

Un día precioso, así que voy temprano para evitar las multitudes domingueras y tener durante un rato el lugar para mí solo. Steve, el socorrista más atlético, el que también hace montañismo, se cambia conmigo.

—Mira —dice. Un martín pescador pasa como un rayo cerca de la otra orilla, a unos treinta centímetros del agua. Parece una perdigonada de zafiros. Una mancha azul, un fogonazo eléctrico que brilla y desaparece en un instante. Un milagro en el medio de Londres. Nado mis habituales setenta metros hasta el salvavidas externo y vuelvo flotando de espaldas mientras Steve aporrea el agua de acá para allá, incansablemente—. Mil metros —me dice satisfecho cuando sale del estanque.

Para ese entonces ya están llegando las multitudes. Tres jóvenes de tez morena, probablemente kosovares, se meten al agua en vaqueros y camiseta. Uno se tira haciendo piruetas bastante complicadas, y cada vez que sale a la superficie mira a los otros dos para que lo aplaudan. Cuando me estoy yendo aparecen varias parejas con periódicos, termos de café y sándwiches.

Martes 21 de mayo, 16,5°C

Otra vez el martín pescador: una flecha azul que aletea hacia la entrada del estanque y se esfuma detrás de uno de los sauces que cuelga sobre el agua. Al volver nadé cerca del árbol, pero no había ni rastro del pájaro. Un día oscuro y ventoso; nubes de tormenta grandes y veloces, ocasionales estallidos de sol. Agua tibia y agradable.

Jueves 23 de mayo, 16,5ºC

El tiempo sigue templado pero algo salvaje: nubes negras, estallidos de sol, llovizna. Un ventarrón dispersó insectos y cubrió el estanque de flores caídas. El agua tiene un aspecto muy poco tentador, pero está tan suave que parece leche. Como de costumbre, tengo el lugar para mí solo. Terry me vigiló muy serio mientras yo daba vueltas antes de volver al muelle.

—Pensé que ibas a encallar en la orilla —me dijo.

—Solamente disfrutaba un rato —le dije—. No quería salir.

Cuando me iba, Terry y el otro socorrista estaban preparando el tablero de ajedrez, a pesar de la lluvia.

Viernes 24 de mayo, 16,5ºC

Otro día salvaje. Pronóstico espantoso, tiempo radiante. Nubes oscuras y sol cegador. «Los grajos yerran en los cielos», escribió Tennyson. Aquí no hay grajos, así que las que yerran son las palomas; el viento desplazó la cochambre de flores caídas hacia una orilla y el resto del estanque quedó limpio. Al pisar las baldosas y el hormigón del muelle los siento tibios; el agua podría usarse en aromaterapia. A media tarde, sin embargo, el cielo se encapota y amenaza lluvia.

Sábado 25 de mayo, 16,5ºC

Nuestro habitual sistema de baja presión hace que el viento siga aullando y que un sol cegador asome intermitentemente. Los árboles se zarandean sobre el agua, parece que el estanque estuviera vivo. Los que hay cerca de la entrada, al final del sendero —por las hojas creo que son álamos, aunque Terry asegura que son sauces—, brillan como si fueran de plata: una masa sólida de luz parpadeante y turbulenta. Nadé hasta la soga y tardé en volver, sumamente feliz. Mañana, domingo, nado de nuevo, y después me opero los párpados: diez días eternos sin estanque. Cinco, a Dios gracias, en la barcaza de Torquil en Borgoña.

Domingo 26 de mayo, 16,5ºC

Un día frío, oscuro; nubes densas de tormenta, viento fuerte, chaparrones. Está realmente más cálido dentro del agua que fuera. La lluvia va y viene mientras yo nado y Anne hace su recorrido habitual a pie: sube por Parliament Hill hasta los estanques de Highgate y vuelve. Cuando me pasa a buscar, sale el sol, pero antes de que lleguemos al coche ya está lloviendo otra vez. Aun así, el chapuzón es perfecto: disuelve todos los dolores, me apacigua y me aclara la cabeza. ¿Cómo voy a sobrevivir diez días sin todo esto?

Miércoles 29 de mayo

Cuarenta y ocho horas y ya estoy suspirando por un poco de natación. Tal como están las cosas, casi no me animo ni a abrir la puerta de calle. Parezco un lémur —un círculo violeta inmenso alrededor de cada ojo—, o el tío Fétido de *La familia Addams*. Supongo que esto, también, es parte de envejecer, la parte que sigue a la humillación —la panza, los músculos menguantes, la flacidez, las arrugas—, y también ese ímpetu condescendiente de los más jóvenes por ayudarte, por darte el asiento en el metro y todos esos otros agravios que quieren ser una muestra de amabilidad y buena educación. El próximo paso es la aversión por uno mismo: la cara en el espejo, los titubeos, los tropiezos, las caídas. No es mi estilo.

Jueves 6 de junio, 17ºC

Diez días de reposo, como ordenó el médico —cinco, gracias a Dios, en Borgoña, en la barcaza de Torquil—. Anoche, cuando volvimos, me moría por un poco de ejercicio (mono de estanque?). Como tenía cosas que hacer en Kentish Town, decidí nadar en el estanque de Highgate. Un día oscuro y silencioso, con una llovizna leve que se fue intensificando mientras nadaba y que después se desvaneció. El agua estaba tibia, agradable; nadar fue un placer. A continuación, una ducha fría bien larga. Me volví a sentir como un ser humano.

Viernes 7 de junio, ¿18ºC?

Otro día opaco y triste. Por el Jubileo de Oro de la Reina y el Mundial de fútbol las calles estaban desiertas, incluso en hora punta cuando llevé a Anne a una conferencia en Regent's Park. La temperatura del estanque mixto era de dieciocho grados —Danny, el socorrista, la acababa de tomar— y parecía más frío que el de hombres ayer, así que imagino que hace varios días que los chicos de allí ni se molestan en usar el termómetro.

A pesar de las nubes densas, el cielo estaba lleno de vencejos —giraban, se lanzaban en picado—, así que tal vez no llueva, aunque estaba a punto y los bancos estaban empapados. Mientras me secaba se oyó un chapoteo muy fuerte en una parte poco profunda del estanque, entre el muelle y la orilla. Y después otro, más sonoro todavía. Y entonces vi algo grande, rosado y curvo, como el hombro de un nadador, salvo que no está permitido nadar en ese sector.

—Carpas —dijo Danny—. En esa parte baja hay un montón. Unos bichos enormes. Se reúnen ahí a tomar sol.

Vengo a nadar aquí desde que tengo once años y el lugar todavía me sorprende. No conozco ni la mitad.

Sábado 8 de junio, 15,5ºC

¿Cómo es posible que la temperatura haya bajado casi tres grados de un día para el otro? Danny la tomó ayer, Terry la tomó esta mañana y los dos juran que no se equivocaron. Otro misterio. Pero definitivamente parecía más fría. Quizá fue porque esta mañana llegué mucho más temprano. Me levanté a las siete —me despertaron los cantos de los pájaros y el sol—, y a las siete y media ya había salido de casa. Las calles estaban vacías; el Heath, curiosamente repleto. Pero no de paseadores de perros, sino de corredores —de los que se toman la cosa en serio—, sudando de acá para allá muy gravemente y con los puños apretados. Lo mismo en el estanque: estaba más lleno que de costumbre y con nadadores más severos —de esos que entrenan temprano, antes de desayunar—. Probablemente siempre sea así. En mi horario habitual (entre las nueve y media y las diez) hay más que nada jubilados y haraganes. Cuando me metí al agua las nubes se empezaban a amontonar, y antes de llegar a casa ya no había sol. Qué verano tan deplorable.

Domingo 9 de junio, 15,5°C

Otro día fresco y oscuro, ventoso, con algunas lloviznas. Y otro madrugón: las nueve, temprano para un domingo. Están preparando el lugar para una carrera benéfica. La garza, posada sobre su propio reflejo bajo unos matorrales cerca del caminito. Las gallaretas sacaron a sus crías a dar un paseo dominguero; a una distancia prudencial las sigue una breve flotilla de patos. Cuando me tiro al agua, los cuervos están en medio de una discusión escandalosa en los arbustos que asoman al pozo de las carpas. La disputa sigue cuando salgo del estanque y mientras me ducho. Después, mientras me seco, el escándalo sube de tono y de pronto una garza emerge de entre la maleza, perseguida por dos cuervos furiosos. Va a posarse lejos, al lado del pozo de las carpas, con la cabeza gacha y las plumas erizadas, como tratando de recuperar la dignidad. En ese mismo instante otra garza aparece desde el sendero y aterriza sobre el salvavidas en el que montaron su nido las gallaretas. No sabía que había una pareja de garzas y jamás había visto dos al mismo tiempo en este estanque. Dos cuervos salen chillando desde los arbustos, se abalanzan sobre la segunda garza y la persiguen hacia el sendero. Ahí la pierdo de vista, aunque cuando paso caminando hacia el aparcamiento veo que la otra sigue usurpando el nido de las gallaretas —que se quejan impotentes y sin acercarse demasiado—. A las diez el estacionamiento está repleto, los organizadores prueban el equipo de sonido, los corredores y sus acompañantes se van congregando y yo ya no tengo nada que ver con todo eso.

Martes 11 de junio, 15,5ºC

Frío. Un frío ridículo para esta época del año. Otra vez amenaza de lluvia. El sol viene y va entre bancos de nubes negras; las copas de los árboles se iluminan cada tanto con un resplandor dorado. La gente usa abrigos polares sobre la ropa de verano; una chica pasa en sandalias y sin medias, pero abrigada con un chaquetón de duvet. Debe de haber llovido mucho durante la noche porque los charcos son profundos y el Heath huele a recién regado. Por culpa de la lluvia el agua está fresca, más fría que el domingo, aunque mientras nadaba se asomó el sol y el cielo se llenó de vencejos que salieron a buscar comida. La garza estaba entronizada en el nido de las gallaretas mientras ellas y sus crías —que ya son bastante grandes— patrullaban la otra punta del estanque y fingían ignorarla. Varios nadadores: un hombre en traje de neopreno que iba de acá para allá, después un amigo suyo y una chica, que entraron y salieron en un segundo, y finalmente Paul, el sociólogo de la Universidad de East London, con traje oscuro, camisa blanca y unas botas enormes todas embarradas, camino a una entrevista de trabajo. Terry instaló un televisor portátil en la cabaña de los socorristas para ver el Mundial.

Cuando terminó el partido, dijo:

—Y ahora, a seguir trabajando. ¿Dónde dejé el periódico?

Viernes 14 de junio, 16,5°C

Por fin un día cálido. Nublado, por supuesto, y cada vez más, pero la temperatura del aire es casi de veinte grados y sopla un viento suave como la leche. Anne se va a Los Ángeles a pasar el fin de semana, así que antes de nadar, en plena hora punta, la llevo a Paddington. Llego al estanque exhausto: dormí poco, bebí demasiado, había mucho tráfico, me duele el tobillo y no me está saliendo el artículo sobre los judíos ingleses para *The New York Review of Books*. Pero nado un rato y los dolores y los achaques se desvanecen, los músculos se serenan, el ruido en la cabeza se disipa. La magia del agua fría y de los árboles que se mecen. Este año los cisnes armaron su nido en el tercer estanque, el que está más al sur, pero esta mañana uno viene de visita. Flota sin rumbo fijo, altaneramente, y cuando se acerca demasiado a las gallaretas y a sus crías estas lo ahuyentan. Se aleja un poco, fingiendo que ni las ve, y después levanta vuelo con un ampuloso batir de alas; vuelve a su estanque. Bien arriba, dos halcones giran montados en una corriente térmica. Las palomas van y vienen. Uno de los sauces detrás del pozo de las carpas se desenraizó durante la noche: ahora yace semisumergido, con las hojas desplegadas; parece una mujer bebiendo agua. Una cuadrilla de empleados del Heath se apiada de mi tobillo maltrecho y se ofrece a llevarme hasta el coche, gentileza que agradezco muchísimo.

Sábado 15 de junio, 16,5ºC

La garza estaba posada decorativamente en el nido de las gallaretas, pero cuando nadé hacia ahí levantó el vuelo. Más tarde, mientras me secaba, apareció un cormorán. Pescó un rato, después trepó al nido vacío y desplegó las alas para que se secaran. Yo creía que, con el calor, los cormoranes habían migrado hacia el norte. Pero aparentemente no. Cuando subí al sendero vi que estaba de vuelta en el estanque del medio, muy a gusto en lo que parecía ser su propio nido.

Domingo 16 de junio, 16,5ºC

Fui al estanque con Luke y Kate —después de todo era el Día del Padre, lo que sea que eso signifique, y Anne está en Los Ángeles—. Terry había reunido a todos los socorristas para una jornada de entrenamiento: rescataron sillas ahogadas, se rescataron entre ellos, echaron carreras de ida y vuelta hasta las boyas, hicieron ejercicios con canoas tipo *Bosambo.* Mucho ruido, muchas risas. Nuestras y de ellos.

—Si vas a hacer la Gran Rudolph, hoy es el día ideal —me dijo Terry—. Te sacamos en un segundo, y además están tus hijos para ocuparse de todo.

Bien visto, no era mala idea. Después fuimos a casa y preparamos un desayuno inglés completo.

Martes 18 de junio, 18ºC

Ayer fue un día de verano como corresponde; el primero del año. Cielo despejado, la temperatura por encima de los veinticinco grados. Pero después aparecieron nubes y por la noche me despertaron los truenos y la lluvia. Hoy amaneció oscuro otra vez, aunque templado. Hay lluvia para rato. El Heath se puso de un verde intenso; los árboles, furiosos. No se ve ni un pájaro, aunque el aire está repleto de música.

Todo inmóvil. El cielo se va ensombreciendo mientras nado. Cuando me estoy secando empieza a lloviznar, rugen unos truenos y todo se pone negro. Espero un poco, pero el diluvio no llega nunca.

Cuando iba hacia el estanque me crucé con un tipo que paseaba un mastín: dos bocas desafiantes, dos miradas hostiles; no logré distinguir quién era quién.

Jueves 20 de junio, 21ºC

Llegué temprano y el lugar ya estaba lleno de esos fanáticos de Highgate que nadan antes de ir a trabajar. También de aves: dos cisnes que contemplaban su propio reflejo en el agua quieta, la familia de gallaretas, dos parejas de patos y una flotilla de gansos canadienses (dos parejas, seis crías) nadando juntos, picoteando las hojas de los sauces mientras avanzaban majestuosamente por debajo de las ramas. Está nublado, como de costumbre, pero hace calor. El agua parece sopa tibia, sopa de pato con picatostes de excremento de cisne.

Sábado 22 de junio, 21ºC

Cuando llegué, la garza estaba sobre una de las boyas más cercanas a la orilla: el cuerpo erguido, la cabeza hacia adelante, atenta, controlando la acción. En primer plano es muy hermosa: patas amarillas, las plumas más azules que grises. Como es sábado y el estanque de hombres no abre, el lugar estaba más concurrido que de costumbre. Demasiado concurrido para la garza: se fue volando, aunque sin alejarse demasiado del muelle; una presencia vibrante, recelosa, de un azul eléctrico. Mientras yo volvía nadando de espaldas, levantó vuelo desde su nido cerca del sendero: un ajetreo de alas muy intenso a centímetros de mi cabeza.

Domingo 23 de junio, 21°C

Un día perfecto de verano, para variar. Cielo azul y radiante, con un puñado de nubes de algodón, y más arriba un par de estelas pálidas y largas, como si una deidad hubiera garabateado una firma incomprensible. Llegué a las nueve, con la esperanza de tener el lugar para mí solo, pero unos cuantos nadadores habían tenido la misma idea: querían hacer un poco de ejercicio antes de que aparecieran los tomadores de sol.

Martes 25 de junio, 21°C

Una mañana espléndida; aire suave y un par de nubes cremosas en un cielo inmaculado. Los gaviotines estaban pescando su desayuno: planeo, pausa, zambullida repentina. Al golpear contra el agua parecen desarmarse, y por un instante desaparecen. Después vuelven a emerger y aletean hacia arriba, esparciendo gotas de luz. Si existieran los ángeles serían como los gaviotines: gráciles, afilados y espontáneos. Me encanta ese contorno esbelto, la curva elegante de las alas, el cuerpo aerodinámico, perfectamente evolucionado para el vuelo. En Londres es muy difícil encontrarse con manifestaciones divinas, así que entre los gaviotines, el canto de los pájaros y este día radiante vuelvo a casa con un sentimiento de bendición.

Jueves 27 de junio, 21°C

Un día encapotado y luminoso, pero mucho más frío, con viento del noroeste. Por primera vez en lo que va del año llegué al Heath por la entrada de Well Walk. Después de este verano espantoso, por fin se secó —más o menos— el barro que quedaba en las partes donde no pega el sol. Entrar por ese lado se me hace más difícil por culpa del tobillo malo, pero la vista de Londres —la catedral de San Pablo, los rascacielos y, más atrás, las colinas de Surrey— compensa el esfuerzo. Y además está toda esa luz pulverizada entre los árboles sobre el estanque. El agua me relaja; está tibia, mucho más que el aire.

Sábado 29 de junio, 20ºC

A las nueve y media hacía frío y estaba nublado, así que tuve el lugar para mí solo: un único nadador se estaba secando cuando llegué, y ni siquiera vi aves. (La garza, posada en la balsa de los cisnes, dominaba altivamente el estanque del medio). Otra vez el agua estaba más cálida que el aire. Nadé mucho, me hizo muy bien y salí justo a tiempo: a las diez y media brillaba el sol y empezaban a reunirse las multitudes.

Domingo 30 de junio, 20ºC

Un día plomizo, aunque no tan frío. A las diez y media había unas seis o siete personas en el agua —tal vez aprovechaban para darse un chapuzón antes de la final del Mundial—. El agua, tibia y caldosa, parece sopa. No me quedé mucho tiempo.

Martes 2 de julio, 20ºC

En Italia hace más de treinta grados, pero aquí cuando salgo de casa por la mañana dudo si ponerme o no la chaqueta. No me quejo: mejor tener frío que asarse. Más allá de los *habitués* y de los exiliados de los dos estanques de Highgate, hace demasiado frío para cualquier nadador ocasional, y sin embargo el agua está cada día más espesa. Hoy alrededor del muelle había una espuma burbujeante.

—Son las hojas que caen y se pudren —me dijo un socorrista joven, y elegí creerle. Pero tuve cuidado de nadar esos primeros metros, tanto de ida como de vuelta, sin respirar. La garza llegó tarde y se instaló en el salvavidas más cercano a la orilla. Parecía melancólica y maltrecha, como si tuviera una resaca tremenda. ¿Se dirán las garzas entre ellas que tienen el cuello igualito a la entrepierna de un nadador?

Jueves 4 de julio, 17ºC

Después de varios días de lluvia y viento frío, una mañana preciosa. Cielo despejado, una vista deslumbrante de la ciudad. El agua también está más transparente; fresca y agradable. Nadé hasta la soga externa y, mientras volvía despacio, un halcón daba vueltas bien arriba, sin pausa, aunque lo suficientemente cerca ya que pude distinguir esas alas tan elegantes, con forma de cimitarra: subía, planeaba, caía en picado, jugaba con las corrientes térmicas, disfrutaba del sol, como todos. Terry contó un chiste tras otro, y nosotros charlamos mucho, como felicitándonos por la suerte de haber estado ahí en un día tan bonito.

Sábado 6 de julio, 17ºC

Un día gris, sombrío. Fui tarde y tuve todo el estanque para mí: dos socorristas jugaban al ajedrez, un único pescador en el sendero, ni siquiera una gallareta para hacerme compañía en el agua. Muy arriba, sin embargo, un escuadrón de vencejos hacía acrobacias aéreas. Los observé mientras volvía muy despacio. Tomarme un rato para contemplar los pájaros es parte del disfrute; me gusta casi tanto como el aguijoneo del agua fría: su libertad para volar, mi propia libertad cuando no me duele el tobillo. Al llegar al muelle el sol se asomó un momento y prácticamente frené para disfrutarlo. El agua estaba fresca y dulce.

Domingo 7 de julio, 17ºC

Otro día oscuro, desapacible. Más nadadores, pero sin multitudes domingueras. Por mí, perfecto, pero Anne no quiere nadar. Prefiere subir a la cima de Parliament Hill, bajar hasta los estanques de Highgate y volver a buscarme. Se puso botas y abrigo, como si todavía estuviéramos en marzo. No la culpo.

Martes 9 de julio, 17ºC

El verano se está transformando en una de esas películas apocalípticas de Hollywood. Llueve a cántaros desde un cielo negro, los senderos del Heath están inundados por ríos veloces y barrosos, el camino al estanque mixto termina en un laguito con orillas resbaladizas, los nadadores tempraneros llegan vestidos de invierno, parece que hay más humedad fuera del agua que dentro. *Blade Runner* revisitada. De todas formas, nadar de espaldas, con el azote de la lluvia en la cara, me resulta extrañamente refrescante. Es como si el agua fuera el único elemento en pie y yo me transformase en un pez. Los nenúfares en la otra orilla están floreciendo y las gallaretas nadan a su alrededor. Son las únicas aves en el agua. Pero los peces se dan un festín con las moscas que la lluvia dejó en la superficie.

Jueves 11 de julio, 17ºC

El día amanece luminoso y agradable; un cielo lleno de nubes, pero también con amplios parches azules. Pasa de todo ahí arriba. La superficie del estanque, sin embargo, parece de cristal, y los árboles están inmóviles, exuberantes, melancólicos. Los estallidos de sol resaltan el color intenso de las hojas, lo mucho que fue avanzando este verano sin siquiera haber sucedido. El agua está bastante fresca, absurdamente fresca para mediados de julio.

Domingo 14 de julio, 18,5ºC

Por fin un día de verano como corresponde: ni una nube en el cielo, sol cálido, brisa ligera. A las diez de la mañana el estanque ya está bastante lleno. El viernes no pude nadar porque tenía que terminar un trabajo antes de salir hacia Far Park, a última hora de la tarde. El viaje resultó una pesadilla —una hora y tres cuartos para llegar al desvío de la M-25—, y ayer fue un día largo. Primero volamos en el Dragonfly de Torquil hasta el taller en el que están reconstruyendo su Dragon; de ahí fuimos a una recepción en el aeródromo de Popham, donde conocí a Alex Henshaw —enérgico, ingenioso, esbelto, noventa años—. Después del almuerzo, un Spitfire —el avión más hermoso de todos, con el rugido más nostálgico de todos— desplegó sus virtudes sobre las cabezas de la concurrencia. Más tarde volamos de vuelta a Rendcomb, y de ahí conduje hasta casa; llegué justo a tiempo para llevar a Tony a cenar comida china. Dormí ocho horas y me desperté como si me hubieran molido a palos. Pero el agua fresca operó su magia habitual. Los dolores musculares se evaporaron tan rápido y tan delicadamente que tuve la sensación de ir dejando una estela detrás de mí al nadar.

Martes 16 de julio, 18,5ºC

Ocho y media: otra mañana de verano inigualable, ni una nube en el cielo, el aire tibio, el agua lo suficientemente fresca. Los paseantes se saludan en los senderos, los perros están en un paraíso canino; hasta los corredores esbozan alguna que otra sonrisa. Los que nadan se demoran en el agua, y después se demoran un rato más mientras se secan. Terry volvió a poner el tablero de ajedrez y los rivales van desfilando. Uno de los empleados del Heath, que vino a podar los arbustos, se da un chapuzón veloz antes de empezar el trabajo.

«Verano, y vivir es fácil».

Hacia el mediodía llegaron las nubes, desapareció el sol y ahora hay amagos de lluvia.

Miércoles 17 de julio, 20ºC

Fui al estanque temprano porque tuve que llevar a Anne hasta Heathrow. Hace años que una pareja de gavilanes anida cerca de los Pryors. Hoy había uno en el suelo, picoteando algo. Es un pájaro grande, perezoso, arrogante; tiene las plumas de un marrón claro muy tenue, pero al sol parecen prenderse fuego. Cuando me acerqué a él, levantó el vuelo, se posó brevemente en un árbol y después volvió a bajar; y no se elevó otra vez hasta que no estuve casi encima. Un poco como los zorzales que viven entre las flores de mayo del jardín delantero de casa y cantan todas las mañanas junto con Radio 3: están tan acostumbrados a nuestra presencia que casi ni se molestan en moverse cuando salimos. Fue un día luminoso, hizo calor. El agua estaba tibia, demasiado tibia. A eso de las nueve, mientras me secaba, había unos cinco o seis nadadores resoplando de un lado para el otro, y seguían llegando.

Sábado 20 de julio, 20ºC

Nublado pero bastante caluroso. Ayer fue un día largo: a Cambridge con Kate para el banquete anual del King's College con Frank y Ursula: mucho tiempo de pie en el parque, tomando tragos antes de la cena; después, el espectáculo de fuegos artificiales, de acá para allá, sillas duras. Hacia el final de la noche sentía que tenía el tobillo a punto de explotar. Pero la natación me lo curó, como de costumbre. Antes de eso me dolían todos los músculos y los tendones. Salí del agua renacido.

Domingo 21 de julio, 20ºC

Otro de esos días grises; no hacía calor, pero estaba razonablemente templado. El agua, sin embargo, demasiado tibia; tan tibia que la ducha, por comparación, parecía fría.

Después de un poco de natación apacible y restauradora, un rato de charla con los amigos: Ken McMullen, Alan Owen, Paddy John. Buena forma de empezar el día.

Martes 23 de julio, 20,5ºC

Otro día opaco, con amenaza de lluvias que nunca empiezan. También los árboles siguen en plena oscuridad veraniega: densos, cargados, cubiertos por una capa imperceptible de polvo. El estanque está calmo y en completo silencio, con un único nadador más —el músico barbudo de la Orquesta Sinfónica de Londres—, que va y viene muy discretamente junto a la soga externa. Frente al banco en que me cambio, parada dentro del agua, con las patas casi completamente sumergidas, hay una garza joven: parece que el cuerpo flotara sobre la superficie, como un *hovercraft*. Las plumas, de un gris azulado, resplandecen en el aire opaco. Durante un rato acecha desdeñosamente cerca de la orilla, después vuela hasta la boya más cercana. Mientras nado, aletea de boya en boya, y adopta siempre la misma postura: encorvada, afligida, la cabeza entre los hombros, el pico hacia abajo, como un puñal.

Miércoles 24 de julio, 18,5ºC

Cuando estaba aparcando en Well Walk me encontré con Alan Owen. Una caminata placentera hasta el estanque, fisgoneando y contemplando la vista de la ciudad bajo un manto de nubes. Después, un placentero chapuzón con los de siempre. Una manera excelente de empezar el día, aunque le robe un par de horas. Casi había decidido no ir, porque el tobillo me estaba molestando bastante. Todavía me duele, pero por suerte fui. El agua se llevó el malestar durante un rato. Ante la duda, hay que apretar los dientes y arremeter. Ese fue siempre mi lema; aunque así también es como me casé con Ursula y terminé tomando todas aquellas pastillas. Unas veces se gana, otras veces se pierde, y hasta que el partido no acaba es imposible saber el resultado.

Jueves 25 de julio, 20ºC

La garza joven volvió a su puesto: acecha furtivamente en las aguas poco profundas cerca de la orilla, y se lanza hacia delante para ensartar peces. Sin contarla a ella y a los socorristas, tuve el lugar para mí solo. El verano, al fin, prendió. El agua sigue muy tibia, los senderos están secos, los árboles parecen desaliñados.

Sábado 27 de julio, 20ºC+

Por fin algo que en Inglaterra podría ser considerado una ola de calor: la temperatura superó los veintisiete grados y sigue escalando. Aunque amaneció nublado, en el estanque hay cada vez más gente y el agua está demasiado tibia. Menos mal que el lunes nos vamos a Italia. Nadé un buen rato, después me senté a charlar con Harry, ex matemático. Me habló sobre la oposición entre la teoría ondulatoria y la corpuscular. Hacía sonar todo como si hubiera metáforas capaces de explicar verdades matemáticas. Después mencionó los fractales y el conjunto de Mandelbrot.

—La pregunta es —me dijo—: ¿existían antes de que tuviéramos ordenadores?

A lo que yo respondí:

—Si invertimos la cuestión, se la podría usar como prueba de la existencia de Dios. La vida/creación es una teoría que no se pudo demostrar hasta que se contó con el instrumento adecuado: el planeta Tierra.

O algo así. No sé bien cómo terminé, antes de desayunar, buscando argumentos para probar la existencia de Dios, en quien no creo. Tal vez sea lo que pasa cuando uno duerme nueve horas.

Domingo 28 de julio, 21ºC+

El sol sigue brillando y la temperatura sube. Llegué tarde, cerca de las once, y el estanque ya estaba repleto. Y se siguió llenando mientras nadaba. Para cuando me fui, había una marea de gente. El agua estaba revuelta y caldosa. No me gusta. Nos vamos de vacaciones en el momento justo. De todas maneras, lo voy a echar de mucho de menos. Si nuestra casa en Italia tuviera un estanque…, sería realmente el Paradiso.

Jueves 1 de agosto. Orta San Giulio

Llegamos ayer por la tarde a eso de las cinco y nadé en el lago. Hubo tormentas durante todo el camino por los Alpes, desde bien antes de Chamonix; un granizo tan grande que pensé que iba a romper el parabrisas. Y ayer, lluvia durante toda la bajada desde Aosta. Aquí había llovido hoy, más temprano, y mientras nadaba se fue levantando otra tormenta. El agua estaba bastante cálida, pero muy movida; con viento, nubes densas y refucilos distantes. La lluvia empezó un poco más tarde, cuando caminábamos por el pueblo e intentábamos cruzar el lago para cenar en la isla con Gabriel y la pandilla del festival de poesía. Esta mañana el lago está planchado; el agua, transparente, fría y deliciosa; el cielo, repleto de nubes enormes; las golondrinas y los vencejos vuelan bajo, pero el aire está más fresco a las nueve de la mañana. Un chapuzón agradable y relajado en un paisaje como de tarjeta postal: monasterios en los peñascos arbolados de enfrente, pueblitos y villas sobre la costa; todo prístino, hermoso, perfecto, sin chismes ni mezquindades a la vista.

Viernes 2 de agosto — martes 27 de agosto

Pasar agosto en Italia equivalía a nadar poco y nada. Solíamos contener el arroyito que corre detrás de la casa, en el valle, y formábamos una especie de poza de agua helada lo suficientemente profunda como para que los niños pudieran dar un par de brazadas y los adultos refrescarnos un poco. Ahora los niños crecieron, el arroyito tiene menos caudal y en Barga abrió una piscina pública muy grande, igual que la de Bagni di Lucca y construida por la misma persona: Riccardo, ex clavadista olímpico, ahora panzón, divorciado y alegre, con un menguante pelo rubio cada vez más canoso, pero con el ojo para las chicas todavía intacto.

Así que vamos casi todos los días, y comparada con otras piscinas es una joya: treinta y tres metros de agua turquesa, con andariveles y plataformas de salida. (Riccardo dirige un club de natación para jóvenes que se toman el deporte bastante en serio). Alrededor de la piscina hay tumbonas y sillas, todo al amparo de sombrillas azules y blancas, y en el parque de atrás más camastros y más sombrillas, además de un gran sauce llorón rodeado por un anillo de árboles frondosos que aíslan el lugar. La vista es extraordinaria: por detrás de la parte baja de la piscina se ven las cimas gemelas del monte Pania y toda la zona norte de los Alpes Apuanos; detrás de la parte profunda, las laderas entre Sommocolonia y Renaio, y más al fondo los Apeninos. El cielo está siempre lleno de vencejos acrobáticos. Los recintos para cambiarse son luminosos, modernos y limpios. Hay un bar donde sirven cosas para picar, y una pérgola bajo la cual sentarse a comer.

Por desgracia también hay un equipo de música que aturde incesantemente con pop italiano y, a menos que uno llegue apenas abren (a las diez), el lugar se llena tan rápido que después es casi imposible nadar. En cuanto a la natación, el agua está a temperatura corporal y huele a químicos. Hacemos unos cuantos largos, nos secamos al sol y volvemos corriendo a Paradiso. Es un buen ejercicio —mejor que no hacer nada—, pero no acabo de encontrarle la gracia.

Viernes 30 de agosto, 20°C

Ayer volvimos al mismo cielo nublado de Londres que habíamos dejado al irnos. Esta mañana me levanté temprano, anhelando el estanque. Comparado con Barga, lo que más me seduce del lugar es el silencio: los árboles tupidos que lo aíslan, algunas hojas que caen al agua, los patos, las gallaretas y las gallinetas de siempre, un único pescador en el senderito, dos socorristas nuevos y el estanque para mí solo. Cuando nadaba hacia el muelle, casi a punto de llegar, una mujer me pasó muy cerca, y se disculpó en voz alta, muy educadamente, por haberme molestado. Fue como volver a casa después del exilio: aire fresco, cielos grises, el césped todavía húmedo por la bruma matutina, el agua demasiado tibia para los estándares de esta ciudad, pero agradable y refrescante. Siento que recuperé el alma. Camino hacia el coche, que estaba en Well Walk, me detuve un rato en un banco a contemplar la enorme extensión de Londres; pensé en Wordsworth, y en el «poderoso corazón que yace quieto». Pronto va a empezar a refrescar y el agua va a estar perfecta.

Sábado 31 de agosto, 20°C

Una mañana de sábado radiante. Estaba toda la banda: Ken McMullen, Alan Owen, Paddy John, etcétera. También los cisnes: cuatro en total ahora que las crías son más o menos adultas, y todos en óptimas condiciones. Mientras yo nadaba, ellos daban vueltas al otro lado de la soga, pero después decidieron ocupar el resto del estanque. Ken y su hijo Sam pudieron llegar al muelle antes de que aparecieran, pero dos jóvenes australianos sufrieron el acoso, y durante un rato los cisnes fueron los reyes indiscutidos del estanque. Las crías, que imagino que aún están aprendiendo sobre las cuestiones del poder, parecían divertirse. Llegó entonces una señora del estanque de mujeres —escuálida, pelo blanco, en *topless*—. En ese momento los cisnes flotaban otra vez cerca de la soga, sin molestar a nadie. La mujer se metió al agua y nadó directamente hacia ellos, de espaldas, con una brazada muy elegante. Los cisnes se le acercaron de inmediato, la rodearon y la fueron arreando hacia una parte poco profunda, debajo de los árboles. Después cerraron el perímetro y esperaron: ella de pie, con el agua por la cintura, los pechos mustios expuestos a la gente que pasaba por el sendero. Al final uno de los socorristas salió remando en el kayak y los ahuyentó, tras lo cual la señora regresó a su natación solemne al lado de la soga. Los cisnes, sorprendentemente, recapacitaron y la dejaron en paz —tal vez temiendo una agresión mayor que la de ellos—. Deben de tener una fijación con la blancura, así que quizá lo primero que les atrajo de ella fue la mata de pelo canoso.

Domingo 1 de septiembre, 20ºC

Otro día fresco y resplandeciente. Hoy también los cisnes patrullaban el estanque; estaban hermosos, admiraban su propio reflejo al deslizarse por el agua e infundían en los nadadores el temor de Dios. De pronto levantaron el vuelo todos juntos en dirección al estanque de al lado con un estruendo de alas que me hizo pensar en una superposición de voces ahogadas. Uno se posó en el estanque de más abajo; los otros tres giraron y volvieron: aterrizaron en un tumulto de espuma. Un rato después reapareció el cuarto cisne. Llegó volando muy bajo, las patas oscuras, de un negro azulado, extendidas rígidamente hacia delante, centímetros por encima de la cabeza de una niña que gritó de terror, se metió debajo del agua y reemergió riéndose nerviosa. Los cisnes se alejaron nadando en formación, muy serenos, sin siquiera dignarse a mirarla.

Martes 3 de septiembre, 21ºC

Como el coche estaba todo pegajoso con lo que gotea desde los tilos y, además, tenía que ir a buscar unos pantalones de corderoy a casa de Chris, conduje hasta el estanque de Highgate, les dejé el coche a los kosovares y me fui a nadar. No es ni de casualidad tan bonito o íntimo como el mixto, pero el agua es más transparente, está más limpia y un poco más tibia. Y el cielo inmenso y luminoso es una especie de bendición: no había ni una nube, apenas una gaviota solitaria que dio unas vueltas y después desapareció. El agua estaba hermosa. Nadé hasta la otra punta y noté progresivamente cómo se evaporaban los dolores matutinos. Volví flotando muy despacio, dando un rodeo bien largo. Los achaques y los malestares parecen empeorar a una velocidad obscena. El tobillo tonto me atormenta como un ama de casa deprimida: necesité diez minutos para arrastrarme cuesta arriba los ciento y pico de metros que hay entre el lavadero de coches y el estanque, y llegué agotado. Una vez en el agua, no me duele nada, me siento fuerte y flexible. La charla con los muchachos antes y después de la natación también es reparadora. Little Dave se compró una de esas bicicletas plegables tan ingeniosas, y la abre y la cierra muy orgulloso; un tipo llamado Stewart despotrica contra la ópera de Garsington; otro habla sobre natación invernal (¿debería o no debería?); Chris habla de coches y de opciones baratas para cruzar el Canal. Exatletas soñando que todavía ejercen, tratando de lidiar con la vejez, pero sin ceder a la queja. Todo es relajado, informal, discreto, triste.

Jueves 5 de septiembre, 17,5°C

Se acaba el verano. Hay rocío hasta tarde sobre el césped, moras en los arbustos detrás del estanque y olor a almizcle en el aire —ese leve perfume a madurez y podredumbre—. Las orillas están cubiertas de bruma; el agua, más fría y extraordinariamente clara. Me paro en el muelle, listo para zambullirme. La neozelandesa rubia nada hacia mí con una gran sonrisa.

—¿Cómo está? —grito.

—Es el paraíso —me dice.

Un buen resumen. El paraíso (en otras palabras: mejor, imposible).

Sábado 7 de septiembre, 17,5°C

Otro día radiante, el sol iba y venía; oscuro cuando salí de casa con Anne, despejado cuando entré a nadar. El agua estaba suave como la seda, pero parecía corpórea e hinchada ahora que las hojas empezaron a caer. Llegamos tarde —a las doce—, así que los *habitués* ya se habían ido. Un poco de natación sosegada después de la vorágine de ayer: ventanas nuevas en el estudio y en la cocina, caos generalizado, el tobillo muy molesto y de trabajar ni hablemos. El agua ambarina todo lo diluye.

Domingo 8 de septiembre, 17,5°C

Durante la noche las hojas y las ramas de ayer se fueron al fon do y empezaron a fermentar. Ahora la superficie del estanque parece el caldero de una bruja, todo salpicado de una espuma verdosa y burbujeante, con manchones de algo azulado que podría ser aceite pero no lo es. A veinte metros de la orilla la cochambre desaparece; el agua está limpia, agradable y sorprendentemente tibia.

Martes 10 de septiembre, 16ºC

Ayer llovió sin pausa, y después llovió un poco más. Hoy es un día resplandeciente; el aire, tan cristalino que parece ginebra, todos los detalles nítidos y enfocados. El Heath está repleto de gente que pasea perros o empuja cochecitos de bebé, incrédulos ante semejante tesoro. Sopla un viento suave, aunque con una mínima aspereza. El otoño todavía no llega, pero se va acercando. El agua alcanzó el rango ideal (entre catorce y dieciséis grados): sigue cálida y amable pero ya adquirió cierto filo, como la brisa.

Anoche dormí nueve horas o más, así que hoy llegué tarde, y tendría que haber corrido de vuelta a casa para trabajar, pero me quedé media hora más charlando con Terry, Danny, Ken y Alan. Demasiado bueno como para perdérmelo. El hijo de Terry, que tiene catorce años, había cocinado lasaña en la escuela, y Terry, como es alérgico al tomate, no la había podido comer, así que la llevó al estanque para compartirla con los muchachos. Me dio una porción. ¡Desayuné lasaña! Bueno, dicen que hay que probarlo todo al menos una vez. Estaba riquísima. Otro regalo inesperado, como este tiempo radiante. Pero no me senté a trabajar hasta pasadas las dos de la tarde.

Jueves 12 de septiembre, 16ºC

Día apacible y ligero, el cielo todavía difuso después de una noche con niebla; los árboles empiezan a inclinarse y a menguar. Un único pescador sobre el sendero, sentado en una silla de ruedas eléctrica; los cuatro cisnes quietos en la superficie vidriosa del estanque, justo frente a él. Uno duerme con el pico metido debajo de un ala. El agua se enfrió un poco;

está cada día más agradable. Traje un ejemplar de *Imitations,* de Lowell, para darle a Danny (el socorrista que lee poesía y escribe), y hablamos un rato sobre libros. Después Richard, el súper atleta, me contó que está a punto de irse de excursión a Borneo con la BBC y las fuerzas especiales del Ejército. Al rato llegó Alan Owen con el capítulo 12 del *Eclesiastés* en la billetera, pidiendo que se lo explicaran. En pocas palabras, un momento típicamente Hampstead: la clase conversadora, como siempre, conversando.

Viernes 13 de septiembre, 16ºC

El año parece estar retrocediendo. De pronto es pleno verano, y no un simple veranillo de San Miguel: sol intenso, brisa leve, para andar en mangas de camisa. Nadé hasta la soga externa y volví de espaldas muy despacio, como de costumbre, contemplando los árboles. Sauces, álamos y abedules que parecen decorados para Navidad: una orilla hecha enteramente de plata, delicada y movediza. Aunque el tobillo está cada vez peor y la caminata hasta el coche en Well Walk me resultó penosa, tener un lugar así tan cerca de casa es una bendición. Me tendría que haber dado prisa en volver para seguir con las conferencias de la Biblioteca Pública de Nueva York, pero uno de los *habitués* —creo que se llama Mike— se puso a evocar las épocas en que cantaba en los King Brothers, un grupo vocal que alguna vez acompañó a Sinatra. Demasiado interesante como para no quedarme.

Sábado 14 de septiembre, 15,5ºC

Hasta aquí llegó el verano. Otra vez viento frío y cielos encapotados. Los cisnes volvieron a las andadas. Antes de que yo llegara habían acorralado a Paul Thompson, el sociólogo, y lo habían atormentado un rato hasta que Danny salió a ahuyentarlos en el kayak. Cuando me tiré a nadar se subió otra vez al bote y me escoltó. Aunque los cisnes estaban bastante lejos, opté por ser prudente y nadé solo hasta la última boya. Cuando volvimos a tierra, se acercaron al muelle y retomaron su diplomacia cañonera. O, mejor dicho, tres de ellos. Una de las dos crías —quizá la que se había quedado durmiendo durante la última incursión militar— se negó a sumarse.

Domingo 15 de septiembre, 15,5°C

Ahora sí, el otoño está en camino. El agua sigue templada pero el viento sopla desde el norte, y el aire está lo suficientemente frío como para que después de nadar se haga difícil andar por ahí sin la camisa puesta. Y esa es una de las razones para nadar todo el año: por un rato, entre que te quitas la ropa y te la vuelves a poner, eres «un hombre desnudo, desamparado», y sientes el clima en la piel. Es como una forma leve de montañismo: te quita esas comodidades y esos resguardos que Shakespeare llamó «aditamentos».

Martes 17 de septiembre, 15°C

Te pierdes un día, miras para otro lado y la estación sube un peldaño sin que te des cuenta. Hoy está gris y calmo, las hojas cuelgan cansinamente, como oprimidas por su propio peso, los manchones amarillos son cada vez más grandes, el agua se sigue enfriando. Llego antes de lo habitual porque tengo que trabajar y me doy cuenta de lo que me estuve perdiendo: una súbita oleada de madres jóvenes y guapas que a eso de las nueve y cuarto vienen a darse un chapuzón después de haber dejado a los niños en la escuela. Qué pena que el estanque mixto cierre este fin de semana. Mientras vuelvo a buscar el coche, estacionado en Well Walk, asoma el sol y por un rato parece verano otra vez.

Jueves 19 de septiembre, 15ºC

El otoño avanza rápido. Las hojas todavía cuelgan afligidas, pero cada día parecen más frágiles y amarillas, y ya empiezan a caer. El sendero entre los árboles detrás del estanque está embarrado y melancólico, el frío nocturno dura más, el primer contacto vigorizante con el agua borra los dolores matutinos y me aclara la cabeza. Me encanta esta época del año. Durante la noche la temperatura había bajado a diez grados, así que me puse una tercera capa de ropa, pero no hacía falta.

Sábado 21 de septiembre, 15,5ºC

Un día tibio y amable, como si el verano ensayara una especie de regreso fugaz para darle al estanque mixto la despedida que se merece. Hasta los cisnes se estaban portando bien, dando vueltas de acá para allá aparentemente por puro placer, sin molestar a los nadadores. El agua nunca estuvo más agradable, más relajante, más deliciosa, y bien sabe Dios que me hacía falta. Ayer me pasé todo el día frente al ordenador —Anne está en Estocolmo— luchando contra la tercera conferencia para la Biblioteca Pública de Nueva York. Desde las once de la mañana hasta las once de la noche, con solo un plátano por alimento. Después bajé, me serví un bourbon y me hice un sándwich. Por supuesto no pude dormir, así que vi una película hasta la una y media, y hoy amanecí maltrecho. Nunca había necesitado tanto el bálsamo del agua fría (que, como siempre, operó su magia).

Domingo 22 de septiembre, 15ºC

Hoy cierra el estanque mixto. El día está fresco y sopla un viento áspero, pero hay más nadadores que de costumbre (unos seis o siete): van y vienen muy despacio, disfrutan sus últimos chapuzones, se despiden de este lugar tan hermoso hasta mayo del año que viene. El estanque, para retribuirlos, les ofrece un espectáculo: los sauces agachan la cabeza como Rapunzel; los abedules tiemblan y se sacuden; de los olmos y los robles más tupidos y altos caen algunas hojas. Igual que en *Al otoño;* y tiene sentido, ya que Keats vivió y escribió esos versos a unos pocos metros de aquí.

Durante un tramo del camino de vuelta al coche me acompañó uno de los *habitués* —un sudafricano de origen indio que viene siempre con su esposa, un tipo bajito y pagado de sí mismo que habla mucho y nunca escucha lo que se le responde—. Llleva el pelo largo, teñido con henna, y casi no tiene hombros; comoquiera, nada su buena cantidad de metros y quiere que todos lo sepamos. Cuando nos despedíamos, en la cima de la loma, me preguntó, de la nada:

—¿Y usted qué edad tiene? ¿Ochenta y pico o noventa y pico?

Cuando le dije setenta y tres, mostró cierta sorpresa. Un disparo armenio, supongo, aunque más temprano que tarde estamos destinados a cruzarnos en Highgate. Que se vaya a la mierda.

Martes 24 de septiembre, 16°C

Otra vez en el estanque de hombres. Un día celestial —deslumbrante sería decir poco—. Un par de nubes de algodón en un cielo que encandila, aire tibio, el césped recién cortado en la pendiente y un olor muy dulce, las tres nobles hayas en plena mutación. Puede que el estanque mixto, cercado por los árboles, sea más íntimo y bonito, pero en el de hombres el agua es más transparente y agradable, y además está más tibia, y la sensación de espacio abierto te expande el corazón. Había una gaviota sobre cada uno de los salvavidas que tachonan el agua; cuando les pasé por al lado me observaron con fastidio y ni se inmutaron. Nadé hasta la otra punta y volví muy despacio, sumamente feliz. El cielo estaba repleto de palomas y parejas de cuervos haciendo piruetas, como si celebraran el placer de estar vivos. Sé cómo se sentían. Me tomé mi tiempo para secarme y me llené de sol durante un buen rato antes de volver a ponerme la ropa. Mejor, imposible.

Miércoles 25 de septiembre, 16ºC

Otro chapuzón perfecto en un día perfecto, aunque hoy las nubes tardaron un poco más en disiparse. Quietud absoluta, ni una gota de viento, el agua como de cristal. De nuevo nadé hasta la otra punta y volví dando un largo rodeo. No parecía haber motivos para salir del agua. Nunca más.

Viernes 27 de septiembre, 16ºC

Me desperté temprano y me puse a leer. El coro del alba no suena en esta época del año: apenas uno o dos pájaros solitarios que murmuran para sus adentros, sin cantar, y los vuelos matutinos que llegan a Heathrow. Tenían que venir a hacer unos arreglos, quién sabe a qué hora, así que consideré que lo mejor era nadar temprano. Estaba nublado, pero hacia el este el cielo era de un naranja rojizo, y prometía ser otro bonito día. A las siete y cuarto aún había poco tráfico y se podía circular bien. El grupo de nadadores en el estanque era completamente distinto: Robert, el corredor de bolsa pasado de peso, ahora jubilado, y otros dos hombres, ancianos y vagamente conocidos, cuyos nombres ignoro. Habría esperado gente más joven, de esa que se da un chapuzón veloz antes de ir a trabajar. El aire está frío y el agua parece tibia —tibia, dulce, tentadora—. Una pareja de cisnes se desliza pomposamente cerca de la orilla opuesta, hacia donde suelo nadar. Danny, desde la cabaña de los socorristas, me grita:

—¡No te preocupes, Al, yo los vigilo!

Saludo y me zambullo, fingiendo indiferencia; cuando llego a la soga los cisnes no están por ningún lado. Ya de vuelta en el muelle los veo allá lejos, a la izquierda, flotando plácidamente, sin duda irritados porque les haya interrumpido el paseo matinal, aunque no tanto como para venir a complicarme la vida. Cuando me estoy secando llega Percy, que acaba de caminar, como siempre, siete kilómetros desde West Hendon. Para ser un señor de ochenta y tantos, se conserva absurdamente bien —bronceado, fibroso, piernas largas y musculosas—. Es más peludo que Esaú, pero en su caso el vello es blanco, y lo cubre de pies a cabeza; parece un zorro polar. Es la blancura lo que delata su edad: el pelo blanco, los dientes estropeados y la forma en que inclina la cabeza cuando le hablo porque está un poco sordo.

Sábado 28 de septiembre, 16,5°C

Este veranillo de San Miguel se pone más veraniego. Cada día me quedo más tiempo, nado un rato más y doy vueltas para prolongar el placer. Frescura y pereza combinadas, la forma de ejercicio más hermosa. Así debería ser mi vida de jubilado: nadar en estos estanques increíbles, leer, hacer el amor con mi esposa y escribir un poco, por puro gusto. Lamentablemente no estoy en condiciones de jubilarme.

Domingo 29 de septiembre, 14,5°C

Otro día espectacular en este veranillo de San Miguel. El aire está tibio como la leche; ahora bien, por qué de pronto la temperatura del agua bajó dos grados es algo que me excede. Asumo que hacía varios días que no la tomaban. Ayer en el estanque había un montón de algas verdes. Hoy mutaron hacia un anaranjado brillante y venenoso. Cuando les pregunto a los socorristas, me contestan jocosamente:

—Anoche pasó Saddam Hussein. Pero si eres capaz de escalar montañas, bien puedes nadar ahí.

Y eso hago, aunque con sumo cuidado de no tragar agua. Calculo que dentro de unos días ya van a reabrir el estanque mixto.

Martes 1 de octubre, 14,5ºC

Desapareció el Agente Naranja, pero en la base del muelle hay una madeja de algas de un verde brillante que parece vómito, y el agua en esa zona está más densa, espesa. Igualmente me resulta refrescante y agradable: trato, con cuidado, de no tragar agua, y al salir me doy una ducha.

Miércoles 2 de octubre, 14,5ºC

Un día triste de otoño, oscuro y encapotado, con amenaza de lluvia. Las gaviotas volvieron de la costa y cubrían el cielo. El agua sigue densa, llena de algas. Es como nadar en un consomé de verduras —aunque al menos desaparecieron esos colores tan repulsivos—. Igualmente me hace bien: está fresca, agradable; la necesitaba. Anoche en el Vic gané de lo lindo. Y aunque volví a casa antes de las diez, estaba tan exaltado que tardé horas en dormirme. Por la mañana seguía alterado. Necesitaba hablarle a alguien sobre la mano que me había reportado casi todo el dinero —jugábamos Omaha, respondí un par de apuestas muy fuertes, la última, por 495 libras (una enormidad en una partida de 100 libras), con un simple par de ases, porque estaba seguro de que el tipo trataba de intimidarme con cartas fallidas—, así que me metí con el pobre Chris, lo abordé apenas salió de nadar, antes de que se metiera en la ducha. Me escuchó, temblando, y eso que ni siquiera juega al póker. He ahí un amigo. O, en realidad, considerando que no lo conozco tanto: he ahí un italiano.

Jueves 3 de octubre, 14,5ºC

Otra mañana melancólica: los árboles amarillean a toda velocidad, las hojas van cayendo. (Más tarde se disiparon las nubes, el aire se entibió y salió un sol espléndido). Nadé mi circuito habitual en esas aguas melancólicas. La pizarra decía que la temperatura del agua era de dieciséis grados, aunque parecía más fría que ayer, así que los socorristas estarán a lo suyo, como siempre. Qué más da: estaba fresca y agradable. Un pájaro enorme llegó mientras nadaba de vuelta hacia el muelle. El primer cormorán, pensé. Pero al salir no lo vi por ninguna parte. Solo la turba habitual de gaviotas pendencieras y una pareja de cisnes patrullando la otra orilla. La belleza del lugar, la frescura y el silencio son una forma inmejorable de empezar el día. Me restituyen el alma, si es que tengo.

Viernes 4 de octubre, 16ºC

Un día perfecto: tibio, con sol, el cielo atravesado de estelas y levemente salpicado de nubes. La pizarra decía dieciséis grados y, para variar, esta vez sí parecía cierto. El agua recuperó la transparencia —quizá la lluvia de hace dos noches se llevó las algas al fondo—, y estaba tan agradable que casi no encontraba motivos para salir. Nadé, como siempre, hasta la soga, y después, en lugar de volver en línea recta, di un rodeo semicircular bien largo para extender el deleite. Quedan tres semanas para que pueda nadar otra vez en este lugar.

Jueves 24 de octubre, 10,5ºC

El vuelo nocturno desde JFK aterrizó a las siete, dejé a Kate en Cambridge Gardens, deshice la maleta mientras Anne veía a un paciente y a las diez y media ya estaba en el estanque. Retomé donde lo había dejado: un cielo sin nubes, agua perfecta, otro día radiante. Pero mucho más frío, por supuesto.

A diferencia de lo que pasa en Nueva York, aquí los árboles están rojos y dorados y pierden las hojas a toda velocidad. El agua empieza a pinchar. Lo sentí en la calva, aunque todavía no en los dedos, así que nadé poco y mientras volvía me arrepentí: una vez seco me senté a tomar sol. Como siempre, tuve el lugar para mí solo; o, mejor dicho, lo compartí con una multitud de gaviotas y con un cormorán taciturno. Buena forma de combatir el *jet lag*.

Sábado 26 de octubre, 11ºC

Un ventarrón sacudía los árboles, pero otra vez brillaba el sol, así que me abrigué menos que ayer; descubrí demasiado tarde que la temperatura había bajado durante la noche. Ahora sí ha empezado en serio el otoño: los árboles en llamas, las hojas se mueven salvajemente, agua fría —más fría que el jueves, aunque la pizarra todavía dice once grados—. Aun así nadé más tiempo porque sentía que la última vez me había hecho trampa. Después temblé durante una hora mientras Anne hacía las compras. Es momento de sumar capas de ropa. Una gaviota me hizo compañía cuando nadaba de vuelta hacia el muelle; planeó encima de mí, reflexivamente, como tratando de determinar si era comestible, después aterrizó al lado y flotó conmigo; me dedicó una mirada torva, o más bien una mirada de póker: neutra, fría, calculadora.

Domingo 27 de octubre, 10,5ºC

Un día maravilloso. Anoche había que atrasar los relojes y no me acordé, así que hoy salí bastante antes de las nueve. Habían pronosticado un temporal, y acertaron: las calles desiertas estaban regadas de ramas rotas, los árboles se doblaban y se sacudían como posesos, columnas verticales de hojas bailaban y giraban como si fueran torrentes de lluvia, y todos los clichés poéticos tenían sentido: «Ah, salvaje Viento del Oeste, aliento del otoño…», «los grajos yerran en los cielos», etcétera. Había de todo para elegir. El estanque estaba cubierto de olas y de un velo espeso de espuma; el sol salía y se escondía entre nubes negras, y las que erraban en los cielos eran las gaviotas y las palomas. Los dos cisnes habían subido a la orilla de enfrente: estaban desaliñados, furiosos. Un somormujo solitario daba vueltas por ahí —¿lo habría traído el temporal?—; parecía divertirse. A pesar de lo que decía la pizarra, el agua parecía más fría que ayer, probablemente porque los socorristas no se habían animado a tomar la temperatura. La puerta y las ventanas de la cabaña estaban cerradas herméticamente. Salí bailando, o, mejor dicho, es lo que habría hecho si no tuviera el tobillo tan cerca del colapso.

Martes 29 de octubre, ¿10,5 ºC?

Parece que el temporal no derribó árboles cerca del estanque, aunque sí cayeron un montón de ramas grandes, y en varios troncos vi partes sin corteza. Ayer el lugar estuvo cerrado «por escasez de personal», según anunciaron, lo que significa que estaban todos levantando los despojos que había dejado la tormenta. El agua se sigue enfriando, aunque la cifra en la pizarra no cambia nunca. Qué más da, la prefiero fría. Al salir me siento genial, y la clave de todo está en el antes y el después: «Lo importante es abrigarse mucho y dormir bien», como decían nuestras madres. Aunque últimamente me está costando dormir bien; mi reloj biológico sigue roto. En el estanque volvimos al núcleo duro: a esta hora por lo general vienen Chris, el sastre; David; los hermanos King, y el indio con el pelo teñido. Una nota clavada en el tablón de anuncios informa de que John Hopkins (un nadador de aquí) acaba de morir a los ochenta y ocho años. «En breve se comunicarán los datos sobre la ceremonia fúnebre». Ochenta y ocho me parece bastante razonable.

Miércoles 30 de octubre, ¿10ºC?

Creo que me olvidé de cómo es dormir bien. Imagino que será el *jet lag,* aunque no sé por qué me dura tanto. Me despierto confuso, maltrecho, dolorido, irritable; siento aversión por este cuerpo decrépito y por este tobillo fastidioso e inestable, pero sé que el agua fría me va a restablecer y que me va a dejar seguir un día más —suficiente, al menos por un rato—. La mañana está oscura, el tráfico pesado y la lluvia anda rondando. Las primeras gotitas caen mientras me cambio; cuando me meto ya está lloviendo con todo, y eso, por algún motivo, me reconforta. Aplana el agua mientras voy hacia la soga, y después me lava delicadamente la cara cuando vuelvo de espaldas. Esta mañana el muelle está repleto de gaviotas, y hay unas seis más posadas en el trampolín. Como si hubieran organizado una junta de vecinas. Al acercarme, me miran con frialdad; después levantan el vuelo desdeñosamente. Para cuando termino de vestirme ya no llueve. Esta mañana nadé solo, pero en el camino de vuelta al coche me cruzo con Percy. Viste una chaqueta de un azul intenso, ojos alegres y mejillas rozagantes; llega con paso ligero. No parece un octogenario que acaba de caminar siete kilómetros. Que me sirva de ejemplo. Lo mismo que el finado John Hopkins; alguien tachó el ochenta y ocho y lo cambió por un ochenta y nueve.

Sábado 2 de noviembre, 11ºC

El pronóstico anuncia lluvia, y después más lluvia, pero a las nueve de la mañana hay un sol pálido y el aire está suave y anacrónicamente cálido. Incluso el agua parece tener los once grados que figuran en la pizarra, así que me quedo más tiempo y después haraganeo un rato mientras me cambio. Hace dos días que cada mañana hago mi rutina de ejercicios, y después diez minutos en esa odiosa bicicleta estática; aborrezco cada segundo. Comparado con eso la natación parece ser la opción suave, más allá de lo fría que esté el agua, y me calma los dolores y los achaques con mucha mayor eficacia.

Domingo 3 de noviembre, 10,5ºC

Otro día tirando a caluroso; nadé un buen rato. Cuando estaba en el agua salió el sol, y siguió ahí mientras me secaba, aunque parecía estar haciendo equilibrios, moviéndose al filo de un cielo negrísimo sin caerse nunca. El estanque volvió a su estado invernal: sin nadadores (o casi) y lleno de pájaros. Mirarlos cuando nado de espaldas es un placer enorme y extrañamente liberador. Donde no me siento libre como un pájaro es fuera del agua. Aunque otra vez el pronóstico era funesto, fui hasta Cambridge para almorzar con Frank y Ursula bajo un sol de otoño perfecto, con los árboles totalmente en llamas. Terminó siendo un día hermoso.

Martes 5 de noviembre, ¿10,5ºC?

Las hojas caen a toda velocidad. Incluso las tres hayas altas en la pendiente sobre el estanque están algo raídas; solo el haya roja resiste bien —está como envuelta en unas llamas melancólicas y espectaculares—. Hoy, a pesar de lo que dice la pizarra, el agua parece más fría. Comoquiera, solamente lo noto en la cara y en la calva. Creo que me estoy acostumbrando.

—Estuviste mucho tiempo en el agua —me dice un ruso afable. No lo había visto nunca, aunque me cuenta que viene todos los días desde hace quince años. Es uno de los madrugadores. Teniendo en cuenta lo mal que estoy, esos pequeños halagos no me pasan inadvertidos. Sospecho que otro indicio de vejez es la gratitud que sentimos frente a cualquiera que se dé cuenta de que aún tenemos identidad de alguna clase. Hannah Arendt decía que una de las victorias del totalitarismo había sido despojar a sus víctimas de historia e identidad para pasar a tratarlos como una pura estadística. La juventud, en cierto sentido, es un totalitarismo benigno. Como le dije una vez a Alfred Brendel, a raíz de unas chicas guapas: «No es que ya no me presten atención. Es que ni siquiera me ven». (A lo cual, famoso como era, me respondió: «Yo ese problema no lo tengo»). Después me voy al médico para que me pongan la vacuna anual contra la gripe; de inmediato me siento otro de esos viejos pesados que ponen a prueba la paciencia de los empleados jóvenes de la clínica. Hay que tomar todas las precauciones posibles.

Jueves 7 de noviembre, 10ºC

Anoche, por primera vez desde vaya uno a saber cuándo, el cielo estuvo estrellado y bajó la temperatura. Esta mañana estaba rutilante, sin nubes, con un viento afilado y aguas agitadas. Fue como sumergirse en el elixir de la vida: entré viejo, quejicoso y dolorido; al salir me había quitado de encima un par de años.

Viernes 8 de noviembre, 10ºC

Hoy sí parece que empezó el invierno. No es que haga más frío que ayer, sino que está oscuro y ventoso, y llueve fuerte. El típico día en que uno aprieta los dientes antes de quitarse la ropa. Pero la temperatura del agua no cambió —está más tonificante y agradable que helada—, así que tal vez apretar los dientes sea parte del placer. Es como cuando te preparas para un ascenso difícil, para la descarga de adrenalina que genera el riesgo, lo imprevisible. Salvo que el agua helada no supone ningún riesgo, y el chute de adrenalina al zambullirte es inevitable. Por eso me hice adicto. La natación en agua fría es el deporte extremo de los pobres: no exige ni siquiera un buen estado físico y te hace sentir sano con un esfuerzo mínimo.

Domingo 10 de noviembre, 10ºC

Me encantan estos días oscuros e invernales. Ayer, cuando fui con los Cornwell a la cancha de Twickenham a ver cómo Inglaterra les ganaba a los All Blacks, estaba agradable y lleno de sol, muy a tono con la ocasión. Hoy volvió la lluvia: es tenue, pero empapa. Parece demasiado húmedo incluso para las gaviotas. Están posadas en fila sobre el trampolín, los pasamanos de las dos escaleritas y la baranda del otro muelle, donde antes estaba la plataforma de salto más alta, como si estuvieran sobresaturadas de agua y flotar les resultara algo directamente imposible. Esperan hasta que estoy casi encima para levantar vuelo, resentidas, dan un par de vueltas y se posan otra vez cuando ya estoy nadando, lejos de ahí. Un cormorán solitario se acurruca miserablemente en una boya, las alas bien pegadas al cuerpo. Cuando estoy a punto de llegar al muelle se acercan los cisnes para estudiarme un poco, pero hasta ellos están demasiado empapados por la lluvia como para hacerse los malos.

Hoy es el Día del Armisticio, y Chris trajo su corneta para tocar *Last Post*. Vienen varios veteranos, pero insisten en que la ceremonia es mañana, día 11; igualmente Chris llega tarde, como siempre. De todos modos, saca la corneta y toca; lo hace con bastante sentimiento y muchas pifias. Lo escuchamos de pie, firmes, a medio vestir. Esta es otra de las cosas que me gusta del estanque: es el último puesto de avanzada de Inglaterra.

Lunes 11 de noviembre, 10ºC

Anoche el pronóstico anunció una semana de lluvia, viento y cualquier otra cosa que se incluya en «tiempo inestable». Pero cuando me desperté había un sol radiante, así que me pareció sensato aprovechar el día mientras fuera posible. No me equivoqué. Un cielo sin nubes, el agua centelleante y fresca, los vestuarios llenos de sol y lo suficientemente agradables como para quedarse un rato. Como parte de los preparativos para la ceremonia del Armisticio de las once de la mañana, Tony ataba una gran bandera del Reino Unido a la barandilla del muelle viejo. Estaba vestido como para ir al Polo: chaqueta naranja enorme, la capucha puesta, pantalones del mismo color.

—Pareces Scott en la Antártida —le dije, y me contestó con una peineta.

Hoy hace cuarenta años que Anne y yo nos conocimos. Salvo que en 1962 el 11 de noviembre cayó en domingo.

Miércoles 13 de noviembre, 10ºC

Ayer llovió todo el día sin piedad, como si se hubiera desatado el segundo diluvio universal. Esta mañana el Heath era un barrizal, el cielo estaba oscuro, el agua muy poco tentadora. Así que nadé menos de lo habitual, pero ni bien giré para volver, me arrepentí. Muy pronto van a poner las sogas —apenas la temperatura caiga por debajo de los diez grados—, así que mejor aprovecho mientras pueda. Y la verdad es que me gusta el agua fría. Me recuerda que sigo vivo. Estaba Percy; primero se quejó de las pensiones y las asignaciones del Gobierno, y después alardeó de que, de todas formas, no las necesita, que muchas gracias. Cuando se fue, Tony me contó que en los años sesenta Percy era hippie, llevaba el pelo largo hasta los hombros y nadie sabía bien de qué vivía hasta que otro nadador lo contrató para que hiciera unos trabajos de jardinería. Al benefactor lo apodaban el Caballero.

—Hablaba con acento afectado, llevaba un bigotito estilo Ronald Colman... —dijo Tony. Pausa. Sonrisa—: Igualito que tú, Al.

Por lo visto el Caballero no tenía parientes, porque cuando murió le dejó a Percy un dinero que él usó para comprarse una licorería. Después, al fallecer su esposa, vendió el local y se compró una casita cerca de Welsh Harp. Desde ese momento vive sin trabajar. Por esa misma época venía al estanque otro *habitué* al que llamaban el Millonario. Tenía una mansión en Winnington Road y en verano lo traía el chófer todas las mañanas a jugar al *racketball* (no nadaba). En Londres hay todo un submundo lleno de historias, y algunas pasaron por aquí.

Jueves 14 de noviembre, 10°C

Una mañana que se cambia de ropa a toda velocidad, puras luces y sombras. Tuve que ponerme gafas de sol para conducir, pero cuando llegué el cielo ya estaba casi negro, y al momento de meterme al agua caía una lluvia fina y el viento la azotaba. Nadé casi hasta la soga bajo esa mini tormenta, frené y me puse de espaldas. Y ahí estaba otra vez el sol: estelas bien arriba, entre nubes esponjosas, gaviotas volando de acá para allá sobre mi cabeza; parecía otro de esos días frescos y radiantes de principios de invierno, como si la lluvia no hubiera existido. A veces pienso que fue este espectáculo constante en el cielo lo que me mantuvo en Inglaterra. Hace cuarenta años podría haberme instalado en Estados Unidos, donde siempre me sentí más inteligente, más activo, más feliz. En comparación, Inglaterra me parecía un lugar más mezquino, más opresivo, trivial, lleno de envidias y de malicia. Creía que me quedaba por el trabajo de Anne, porque quería que mis hijos estudiaran en una escuela inglesa y porque tenía una madre viuda a la que cuidar. Por otra parte, nací aquí y adoro esta ciudad. Pero también me encanta lo impredecible del clima: el cielo cambiante y los pájaros, siempre ocupados y atentos. Como de costumbre, Terry me estaba vigilando desde la ventana de la cabaña de los socorristas —por si me moría en plena natación, supongo—. Parecía sorprendido de que me hubiera quedado tanto tiempo en el agua. Cuando me vio volver por el muelle me gritó:

—Voy a necesitar una horquilla para sacarte.

Lunes 18 de noviembre, 10ºC

El sábado, cuando vine, el calendario había avanzado a toda velocidad: era un día agradable, suave, lleno de sol, cálido, como si estuviéramos a fines de abril. Así que nadé una distancia de primavera, y volví despacio de espaldas, salpicando y contemplando esas gotas de agua deslumbrantes, el brillo que inundaba el aire. Hoy reapareció el invierno, el aire está helado y a las nueve y media los estanques todavía están envueltos en una bruma que se va disipando muy despacio mientras nado. Probablemente la temperatura del agua sea la misma, pero parece más fría a causa del aire gélido. Aunque tal vez sí haya bajado: salimos todos rubicundos y encendidos, como bebés recién bañados. Por encima de la niebla hay un cielo sin nubes, pero el sol está más bajo y proyecta sombras largas.

Martes 19 de noviembre, 10ºC (¿9ºC?)

La misma mezcla del otro día: primero frío y brumoso, después el velo se retira y asoma muy despacio el sol. Pero hoy hace frío en serio; parece pleno invierno —al menos cuando te metes—. La temperatura en la pizarra, desde luego, sigue siendo de diez grados, pero tanto en la piscina como en el estanque de mujeres dice siete, así que supongo que el termómetro electrónico nuevo, tan moderno, yerra por un par de grados. Sin embargo, el agua no parece particularmente fría. Los socorristas pusieron la soga de los veinticinco metros y el espacio disponible sabe a poco. Necesitaba nadar más, de modo que tracé una especie de triángulo, pero aun así me resultó insuficiente. Tal vez la próxima vez, si el tiempo sigue así, nade medio circuito más.

En el camino de vuelta a casa, el coche, que se venía portando irreprochablemente bien desde la catástrofe de junio, se recalentó de nuevo. Llegué a paso de hombre, descubrí que había una filtración de agua, como la otra vez, y perdí el resto de la mañana yendo y viniendo al concesionario en lugar de trabajar. Para la noche ya había decidido cortar por lo sano: los de Hyundai me hicieron una oferta bastante buena por un cupé nuevo y acepté. Bien está lo que bien acaba.

Jueves 21 de noviembre, 9ºC

Esa sigue sin ser la temperatura oficial, pero la diversión es la diversión y ahora el agua está indiscutiblemente fría. Igual que el día. Y además llovía. De todas maneras, hice mi medio circuito, aunque sin demasiado estilo. Es difícil dar un giro de noventa grados cuando estás nadando en crol, así que tragué un poco de agua. Es algo que voy a tener que resolver. Pero el último tramo, de espaldas, con las gaviotas girando y tirándose en picado bajo unas nubes veloces, resultó doblemente agradable, y al salir me sentí —como siempre— renacido.

Viernes 22 de noviembre, 8ºC

Por lo general no nado los viernes, pero hoy brillaba el sol, no había ni una nube y veníamos de un tiempo espantoso, así que me dije: «A la mierda, voy». Obviamente las nubes llegaron de inmediato y el día estaba más frío de lo que aparentaba. Lo mismo que el agua, aunque de todas formas me resultó muy agradable. También resolví el misterio de los diez grados constantes —igual el número está anotado en la pizarra hace tanto que ya es casi indescifrable—. Terry me explicó que mantienen los diez grados porque si bajan de esa cifra tienen que colocar las sogas. Las sogas, sin embargo, estuvieron ahí toda la semana y la cifra nunca cambió. Según Terry, el agua está en ocho grados, y sigue cayendo. Se nota.

Domingo 24 de noviembre, 7ºC

Hace días que la lluvia va y viene: cae con fuerza, después se abre y durante un rato brilla un sol acuoso sobre un cielo como de raso. Ayer estuvo despejado dos horas enteras mientras Inglaterra aplastaba a Sudáfrica 53 a 3. Esta mañana tuvimos una hora de buen tiempo: yo nadé y Anne caminó. El agua se sigue enfriando, así que los ciento y pico de metros que hago me vigorizan y me aclaran la cabeza, que anda un poco confusa, pero cuando llego a casa tengo sueño, lo que me recuerda lo viejo que estoy. También logra que el sol pálido me resulte más hermoso.

Martes 26 de noviembre, 8,5ºC

Una mañana fría y brumosa, los cristales del coche empañados, las calles anormalmente mudas. Pero mientras conducía hacia Highgate empezó a asomar el sol, y para cuando terminé de cambiarme la niebla ya se había disipado. Se supone que el agua se entibió en las últimas cuarenta y ocho horas, aunque no se nota. Así que nadé mi triángulo de siempre y al volver hacia el muelle me pareció digamos que tonificante, ya que no helada. Como de costumbre, tuve el estanque para mí solo, aunque el lugar estaba repleto de aves —bandadas de gaviotas y al menos cuatro cormoranes—. Disfruto de su compañía. Después me vestí despacio y charlé un rato con los cinco o seis *habitués* que van a nadar a esa hora, una compañía de la que también disfruto.

Jueves 28 de noviembre, 8,5ºC

A las nueve llamaron por teléfono para avisar que mi Hyundai nuevo estaba listo y de pronto el día cambió de ritmo. Un viaje lento entre los embotellamientos y un chapuzón veloz, sin dilaciones. Una pena, porque había sol, no hacía mucho frío y el agua estaba hermosa. De ahí, a devolver el coche de sustitución y vaciar el cupé viejo en el concesionario Hyundai, desde donde me llevaron a Dorset Square para buscar el nuevo: plateado, espléndido, flamante. De hecho, es el primer kilómetro cero que compro en veinte años (el último fue mi adorado Saab). Después, de vuelta al concesionario a buscar los CDs que me había olvidado. No me importó, fue una buena excusa para dar unas vueltas en la nueva máquina. Y, por último, muerto de cansancio pero exultante, a casa, donde tenía que resolver un problema con la cámara y el ordenador. Y toda una pila de porquerías que se había ido juntando mientras terminaba de reescribir las conferencias para Nueva York: facturas impagadas, cartas sin responder. El coche nuevo viene con garantía de cinco años. Me vendría bien una de esas para mí.

Sábado 30 de noviembre, 8,5ºC

Llegué tarde, justo cuando la bruma empezaba a disiparse y asomaba un sol pálido. Y por ir tarde tuve el estanque todo para mí. Estuve solo con las gaviotas y cinco cormoranes —tenían las alas desplegadas para que se secaran, como blasones heráldicos—. También había una gallineta: nadó un rato a mi lado durante el primer segmento del triángulo, pero después decidió que tenía miedo y se alejó bruscamente. Ahora que hace cada vez más frío, los socorristas mantienen siempre cerrada la puerta de la cabaña y nos vigilan desde atrás de los cristales. Me encantan la soledad, el silencio, el frío. Entre el *shock* de adrenalina que provoca el agua helada y la falta de peso en el tobillo —con la consecuente ausencia de dolor— siento que recupero el cuerpo, y que vuelve a ser, por unos minutos, como era antes. El agua estaba gélida, hermosa, tan fría que se quedó conmigo un buen rato: varias horas después, mientras hacía las compras, todavía temblaba.

Lunes 2 de diciembre, 8,5ºC

Ayer fue un caos. Tenía que ir a buscar a Anne a Heathrow al mediodía, así que me levanté temprano para nadar. Llovía mucho y mi magnífico coche nuevo se negó a arrancar. Hice de todo: abrí el capó, miré, probé de nuevo, hasta que llamé desesperado al servicio mecánico y me fui a casa a esperar a que me llamaran (estaba estacionado en Gardnor Road). Una hora y media, y nada. Los llamé de nuevo. Por lo visto habían venido, me habían llamado, les había saltado el contestador, habían esperado y se habían ido. Nunca sonó. Así que volví al coche y esperé un rato más. Ahí me di cuenta de que había aparcado con la marcha atrás puesta. En cuanto moví la palanca a P, arrancó de inmediato, pero ya era demasiado tarde para ir a nadar. Y cuando volví del aeropuerto el estanque estaba cerrado. Me sentí pésimo todo el día —sedentario, sucio, deprimido—. Parece que la senilidad avanza rápido.

Hoy el estanque había recuperado su esencia silenciosa y bienhechora, aunque el viento helado hacía que el agua pareciera más fría de lo que debería estar con ocho grados y medio. Nubes aceleradas, manchones de cielo azul, un sol acuoso, gaviotas en lo alto planeando y girando.

Martes 3 de diciembre, ¿8,5ºC?

El agua está cada vez más fría, pero la temperatura en la pizarra no cambia. Little David había nadado antes que yo, y después Chris: la opinión generalizada es que difícilmente supere los siete grados. El termómetro digital debe estar fallando. Comoquiera, no importa demasiado. El agua sigue fría, aunque todavía no helada, así que andará entre los cuatro y los diez. Sin embargo, actuamos como si la letra pequeña fuera relevante —es decir: más fría se pone, más recios nos sentimos—. Por supuesto que eso es parte del atractivo, aunque una parte muy mínima. Lo que de verdad importa son los pinchazos del agua y el resplandor de bienestar que genera —un auténtico brillo que te deja el cuerpo rosado, como recién hervido—. Y a ese brillo hay que sumarle la oscuridad invernal del cielo, la calma y el silencio, que además lo potencian. Hay que quitarse la ropa y enfrentarlo sin rodeos. El resultado es una especie de montañismo para ancianos: como escalar una ladera norte, un pequeño desafío personal. Te metes, nadas un par de minutos y se acabó. Pero salgo feliz; puede que efectivamente sea un vejestorio con un tobillo inestable, pero todavía no estoy vencido. Es bueno para la mente y para el cuerpo, y más barato que el psicoanálisis.

Jueves 5 de diciembre, ¿7ºC?

El viento rotó hacia el este; por fin el aire está frío de verdad. Empezó el invierno. La pizarra todavía dice ocho y medio, pero ahora Terry al menos admite que el termómetro está roto —como siempre supimos—. Llegué muy maltrecho; ayer tuve otro de esos días intensos. Phil Stanton fue y vino mil veces: instaló un ordenador nuevo para Anne, conectándolo con el mío; después maniobró por las escaleras con un televisor flamante, inmenso, y lo puso en nuestro cuarto. La casa se llenó de cajas enormes que hubo que tirar, caos generalizado. Por la noche nos quedamos hasta tardísimo viendo una película en pantalla grande y con sonido Dolby. Pero hoy el agua operó su magia habitual, el sol salió mientras me estaba secando y volví a casa sintiéndome genial.

Sábado 7 de diciembre, 7ºC

Una mañana fría, oscura e invernal. Como mi estado de ánimo: ayer tuve otra noche pésima en el Vic. (Me canso, juego sin rigor, insisto, con la esperanza de recuperar, me canso más y pierdo peor que antes. Me doy cuenta de todo, pero soy cabezón. Ya estoy viejo y tengo demasiada experiencia como para semejante idiotez). Llegué temprano al estanque, después de llevar a Anne a una conferencia en la Tavistock. No llovía muy fuerte, pero como también soplaba viento del este el resultado era penetrante. Ahora sí que el agua se está enfriando de verdad, aunque el termómetro sigue roto. Esta vez nadé solamente hasta la barrera y volví, apenas cincuenta metros, pero gracias a Dios surtieron efecto. Debería controlarme mejor, tener en cuenta la edad, dormir más, levantarme e irme cuando las cartas no colaboran. En resumen: estar tan alerta en la mesa de póker como en el estanque.

Lunes 9 de diciembre, 6,5ºC

Una mañana de invierno resplandeciente, con viento fuerte desde el noreste. Un sol duro como el acero sobre el cielo azul pálido, despejado tras el diluvio de ayer. Me vestí con el equipo invernal completo —camiseta, camiseta térmica, jersey grueso y chaquetón—, pero el viento daba de lleno en los vestuarios, así que cada capa de ropa que me quitaba suponía un nuevo grado en la escala del frío. El agua estaba helada, por supuesto, pero hacía más frío fuera que dentro. De todos modos, después de nadar quedé radiante e insensible.

Miércoles 11 de diciembre, 5ºC

Más frío, imposible. El agua está fría, aunque no tanto, pero el viento del noreste parece un puñal. Como dijo Luke: es un viento perezoso; no te rodea, te atraviesa. Anoche el pronóstico anunció que hoy la sensación térmica iba a ser de nueve grados bajo cero, y creo que acertaron. Nadé mis cincuenta metros, volví y me vestí lo más rápido que pude. Aun así, tenía los dedos tan insensibles que no logré atarme los cordones. Le pedí ayuda a David. Una vez en el coche puse la calefacción al máximo y tuve que esperar cinco minutos antes de sentirme en condiciones de conducir —o más o menos en control de la situación—. Todo este asunto tiene algo de euforia y de orgullo necio, como si dijera: «A la mierda con el tobillo, todavía puedo hacer cosas». Aunque, la verdad, ¿de qué me jacto? Diez minutos de incomodidad y de ahí en un coche con aire acondicionado caliente directo a casa, donde hay calefacción central. La gran cosa.

Sábado 14 de diciembre, ¿4,5ºC?

Me encantan estos días fríos y oscuros, sin gente, apenas un par de coches estacionados en Millfield Lane, todo en calma y silencioso ahora que amainó el viento. Las gaviotas, encaramadas en fila sobre el muelle, me escrutan y esperan, muy poco dispuestas a levantar el vuelo. Llegaron más cormoranes. Ahora hay seis, cada cual, en su propia boya, las alas abiertas. Parece que posaran para los escudos de unos guerreros. El agua está fría y la temperatura sigue bajando, pero al salir me siento excelente.

Lunes 16 de diciembre, ¿4,5°C?

Me encantan estas mañanas oscuras. Falta poco para el solsticio de invierno, a las nueve y media los coches todavía circulan con las luces encendidas, el Heath está desierto, el agua negra como el lago de Grendel, y muy fría. Cuando te zambulles todo se contrae hacia dentro para mantener calientes los órganos vitales, y al salir vuelve a fluir hacia fuera. De ahí ese rubor tipo langosta —también llamado brillo saludable—. Creo que esta determinación por sobreponerme a la adversidad es algo que adquirí de bebé, cuando me operaron, y que de ahí surgió también esta necesidad mía de ponerme a prueba todo el tiempo. Sea cual fuere la causa, hoy es un hábito que me hace sentir plenamente vivo —casi tanto como hacer el amor con Anne—. Los baños matutinos con agua fría a los que me obligaban en Oundle me inculcaron el gusto por el agua helada, costumbre que mantuve al año siguiente en esa cabañita congelada que compartí con el portero de la escuela mientras daba clases en Maidwell Hall. Escalar montañas —alimentar a la bestia— fue una evolución natural.

Martes 17 de diciembre, ¿4,5°C?

Hoy, idéntico escenario que ayer: vestuarios desiertos, agua oscura; las gaviotas no parecían estar posadas sino en cuclillas, demasiado muertas de frío y deprimidas como para levantar el vuelo. Pero entonces, de pronto, el estanque renació. Los socorristas tenían un almuerzo de Navidad en el Guildhall, y la cabaña estaba repleta; uno de ellos acababa de nadar, y cuando se abrió la puerta todos charlaban muy animados. Les, que estuvo el año entero de baja por enfermedad, apareció para la ocasión; dijo: «No iban a insistir». Terry puso un poco de orden con sus mañas de sargento. Estaban muy elegantemente vestidos, ansiosos por irse. Chris llegó incluso más tarde que yo, y después Paul, para darse un chapuzón de último minuto antes de que cerraran el estanque. Pero cuando me arrastraba por la cuesta camino al coche, el Heath ya estaba otra vez tan vacío y silencioso como antes, y el aire, de un gris ferroso.

Jueves 19 de diciembre, ¿4,5°C?

Sol bajo, hebras de niebla, ni una nube, un viento cortante que hacía que el estanque pareciera lleno de movimiento. Anoche hubo luna llena y el cielo estuvo despejado, así que la temperatura del agua sigue bajando. O al menos así se siente, pero quién sabe. La única referencia es cuánto tiempo sigues congelado después de haberte puesto la ropa. Hoy fueron unos buenos treinta minutos. Pero dentro del agua oscura, con los dedos de las manos y de los pies cada vez más entumecidos, hay algo reconfortante —casi eufórico— en ese núcleo de tibieza que es el cuerpo. Y al salir ni siquiera el viento puede atravesar el brillo.

Sábado 21 de diciembre, 5°C

Un día quieto y brumoso, sin una gota de viento. La bruma es en realidad neblina que se va disipando lentamente. Nada se mueve. Muy pocos sonidos: el agua que gotea esporádicamente desde el techo de los vestuarios, el ladrido de algún perro distante y el graznar amortiguado de los gansos en el estanque de al lado. El agua está muy fría y quieta. Al menos por fin corrigieron la temperatura en la pizarra. Pasó a cinco grados (decía seis y medio desde vaya uno a saber cuándo), aunque parece más fría. La siento en los dedos y en la calva, por supuesto, pero más que nada en los dientes. Una mordaza de hielo en la boca: una sensación extraña que no aparece hasta que la temperatura no cae por debajo de los cuatro grados.

Domingo 22 de diciembre, 5ºC

¡Cambia el viento y cómo se nota la diferencia! Ayer estuvo calmo y frío como el hielo, por la noche llovió, el viento rotó hacia el sudoeste y hoy por la mañana el aire está tibio. ¿Y nuestra blanca Navidad? Aunque el agua está más helada que nunca, no siento ningún apuro por secarme ni volver a vestirme. Al salir charlo con Steve, el socorrista; después, mientras me cambio, con el albañil irlandés —no sé cómo se llama—, que nada con bastante frecuencia. Dijo algo muy acertado sobre la mejor manera de cultivar nuestra adicción. Él antes venía todos los días, me contó, hasta que le empezó a parecer «casi como un trabajo. En cambio, si cada semana te saltas un par de días, lo extrañas de verdad, y al volver te sientes de fábula».

Martes 24 de diciembre, 5ºC

Otro día muy poco navideño, templado —casi primaveral—, bancos de nubes negras que se van disipando, un sol que pugna por salir. Ayer fue un desastre. Me pincé un músculo o un tendón del muslo derecho cuando hacía mis ejercicios matutinos, lo que sumado al problema en el tobillo me hizo la vida imposible. Antes de acostarme me tomé una pastilla, y aunque por la mañana me sentía mejor, no estaba seguro de cómo me iba a sentar la natación. Pero me preocupé por nada: el agua helada todo lo cura.

Hace un par de semanas, cerca de las doce de la noche, mientras volvía a casa con Tony después de un concierto de John Adams en el Barbican, vi un zorro que corría por Kentish Town High Street, totalmente despreocupado. Una criatura desaliñada, maltrecha, de pelaje opaco, pero con los ojos encendidos, y que por supuesto sabía bien adónde iba. Como dijo Keats: «La criatura tiene un propósito, y sus ojos lo reflejan». Imagino que su propósito era rebuscar comida en los cubos de basura de algún supermercado, pero había recorrido un buen trecho —hay al menos un kilómetro y medio hasta el Heath—, y no le tenía miedo a nada. Bendiciones que solo ofrece la zona noroeste de Londres, con esa franja agreste incrustada en su centro. Hubo una época en que sacaba a pasear al perro todas las noches por ahí, y eso me mantenía cuerdo y sano. Ahora camino cincuenta metros de ida y vuelta al estanque y todavía se opera aquella misma magia.

Jueves 26 de diciembre, 8ºC

No nado el día de Navidad porque no me gustan las aglomeraciones y estoy demasiado viejo como para correr incluso cincuenta metros. Ayer hubo récord de temperatura —el agua a casi ocho grados, la más alta en años— y de visitantes —y por lo visto sobrevivieron a una cantidad también récord de vino caliente—. Esta mañana, después de la bacanal de cada año, el lugar parecía tener resaca. Nadie había quitado las sogas adicionales del estanque ni las escaleras extra del muelle, y había una caja repleta de botellas vacías esperando a que alguien la tirara a la basura. En resumen: todo parecía arrasado, incluso el agua. Después de una semana de clima atípico para la época, la temperatura volvió a los ocho grados, y eso también me pareció un poco desolador, igual que el tiempo —lluvioso, templado— y las familias irascibles que habían venido a caminar para purgar los excesos de ayer. Los únicos que parecían disfrutar eran los perros. Pero inusual o no, el agua me ayudó a expiar mis propios excesos alimenticios.

Sábado 28 de diciembre, 8ºC

El tiempo sigue primaveral. Mientras nadaba se disiparon las nubes y salió el sol, así que me tomé un buen rato para secarme y vestirme. De pronto los pájaros están muy activos, como si faltara poco para San Valentín. El estanque de al lado —el de los barquitos— es un escándalo: parece la Cámara de los Comunes. Y anoche en Flask Walk un petirrojo cantó sin pausa. ¿Se le descompuso el reloj biológico, tuvo un ataque de nervios o es todo culpa de esta primavera anticipada? También el agua parece casi tibia. Nadé mi circuito habitual de ida y vuelta hasta la soga y después me demoré un rato antes de salir. Mi reloj biológico funciona bien, pero el termostato ya no es lo que era: como si el agua fría se hubiera convertido en mi elemento natural. O quizás siempre lo fue.

Lunes 30 de diciembre, 8ºC

Otro día frío e invernal, las luces de los coches encendidas a las diez de la mañana, y una lluvia tenue pero constante. Hay tanta humedad fuera del agua como dentro —no está helada, pero sí lo suficientemente fresca como para despabilarme y disolver los dolores matutinos—. Ayer, después de ir de compras a las rebajas de Jermyn Street, renqueaba como un anciano, así que me tomé un analgésico y me quedé en casa. Ahora, la natación ha enmendado las cosas. La natación y el silencio. La lluvia lo amortigua todo: no se oyen pájaros, ni las salpicaduras cuando nado; una manta enorme de agua mullida que cae sobre el agua.

Martes 31 de diciembre, ¿7ºC?

Mediodía (o casi) y todo sigue oscuro y silencioso, y mucho más frío que ayer (aunque los socorristas no se dignaron a tomar la temperatura). El Heath está prácticamente inundado, pero al menos por el momento no llueve. El agua estaba bien, pero después tardé un rato largo en recuperar el calor. Yo nadé, Anne caminó; más tarde la llevé a Belsize y me quedé sentado en el coche, temblando, mientras ella compraba comida. Tengo una versión alternativa de la canción de los Blues Brothers: «Está oscuro, llueve, hace siete grados y tengo setenta y tres años. ¡Vamos a bucear!».

2003

Jueves 2 de enero, 7,5ºC

Hace unas dos semanas que llueve sin parar. En los noticieros las alertas meteorológicas son cada vez más largas y acuciantes. Abrieron la esclusa que da al estanque de al lado y el nivel del agua en el nuestro subió un poco. Hoy, mientras nadaba, el azote de la lluvia era tan fuerte que me resultó casi doloroso. A las once me esperaban en casa de los Brendel para escuchar los ensayos de Alfred y Adrian de las sonatas para chelo de Beethoven, así que fui al estanque temprano. Cuando llegué ya estaban los hermanos King, siempre joviales, con su melancólico perro Buster: me alegraron el día. Nadar bajo la lluvia en pleno enero resultó lo de siempre: una broma que nos causó gracia a todos, menos a Buster, por supuesto.

Sábado 4 de enero, ¿4,5ºC?

Por fin dejó de llover, se despejó el cielo, bajó la temperatura. Un día de invierno perfecto: hielo en las ventanillas del coche, sol resplandeciente, aire limpio, cristalino y tan frío que tuve que abrigarme con chaqueta y guantes para ir hasta el estanque y para volver. La superficie del agua estaba repleta de aves: gaviotas, patos, gallaretas y hasta cisnes. Nadaban despacio, muy serenamente, una regia *passeggiata* bajo el sol. El agua no estaba demasiado fría, solo lo suficiente —y desde luego no tenía los cuatro grados y medio que figuraban en la pizarra, supongo que en broma—. En un sector de los vestuarios pegaba de lleno el sol, así que me senté y lo disfruté un rato. Pero no mucho: tenía los pies helados y necesitaba vestirme antes de volver a ponerme las medias y los zapatos. Fue uno de esos días en que uno agradece estar vivo.

Domingo 5 de enero, 4°C

Esta mañana el hielo en las ventanillas del coche era bastante grueso, y eso que salí tarde, pero hay sol, vuelan los pájaros y el agua está afilada como un cuchillo. Nada como secarme al sol, bajo ese cielo reluciente, y charlar un poco con Ken McMullen como para sacudirme de encima la escoria de anoche: el alcohol, el exceso de comida, el barullo de la cena y todas esas conversaciones tan amables que no tenía ganas de entablar. El agua fría, el aire fresco y el sol todo lo redimen. Durante unos minutos, mientras nado, el cuerpo me funciona bien y el tobillo no me hace sentir viejo, torpe y desgarbado.

Martes 7 de enero, 1,5°C

Según el pronóstico del tiempo, hoy iba a ser el día más frío del invierno, y puede que esta vez hayan acertado: una capa fina de nieve sobre las calles, los cristales del coche cubiertos de hielo, cielo oscuro, viento cortante. Cuando llegué al estanque nevaba otra vez —no muy fuerte, pero sí lo suficiente como para no quedarse de más—. El agua estaba bastante fría; al salir había un poco de hielo en el primer peldaño de la escalera, y el muelle estaba espolvoreado de nieve. Me vestí lo más rápido que pude; tenía los dedos tan congelados que le tuve que pedir a uno de los socorristas que me atara los cordones. Me encantan estas heladas de invierno: se llevan los dolores corporales y la bruma mental, y están a tono con lo invernal de mi edad. O, mejor dicho, me hacen sentir joven otra vez: a la intemperie y casi en buen estado. Llevé el coche a lavar, me comí un sándwich de bacon en la cafetería y volví a casa sintiéndome de maravilla. Después se disiparon las nubes y salió el sol. Los árboles sin hojas que hay frente a mi ventana se sacuden con el viento.

Jueves 9 de enero, ¿0,5/1ºC?

Ayer cuando me desperté nevaba mucho, así que me puse excusas para no ir a nadar —todas esas madres dando vueltas en sus Range Rovers por las calles congeladas, etcétera—. Se me castigó sin demora: un árbol cayó sobre mi hermoso coche nuevo, inocentemente estacionado aquí, en Flask Walk. De milagro solo rompió la luneta trasera y no le hizo ni un raspón a la chapa. Pero ahí se acabó el día. En el concesionario me dejaron un Hyundai soso que apenas sirve para ir hasta el estanque ahora que los caminos están cubiertos de hielo —igual no es momento de andar por ahí echando carreras—. El viento parece un puñal y el Heath está cubierto de nieve, pero no hay nubes, salió el sol y el aire brilla. El agua entre los dos muelles quedó ligeramente congelada, pero el resto del estanque está limpio y negro como la tinta. Los cormoranes se entronizaron en las boyas de siempre; vuelan cuervos y urracas, las gaviotas se fueron a alguna otra parte. Sobre la nieve que cubre el muelle hay una línea de pisadas muy angosta, como si esta mañana hubiera nadado una sola persona. Obviamente no es posible: han de haber caminado todos con mucho cuidado sobre las mismas huellas. El agua está fría pero no tanto, por eso, cuando emprendo la vuelta, un par de metros antes de llegar a la soga, siento que me he defraudado un poco. Subo la escalerita a regañadientes, sin dolores e irradiando vitalidad, y me seco al sol, muy despacio. Si no hubiera tenido tanto frío en los pies y en las manos me habría quedado un rato más.

Sábado 11 de enero, 0,5°C

Otro día de perfección invernal: sol radiante, escarcha, calles despejadas, el Heath nevado y cristalino. Todo el estanque está cubierto por una capa muy fina de hielo, excepto un rectángulo de unos veinticinco metros cuadrados hacia la izquierda del muelle. (A pesar del hielo, la pizarra sigue diciendo cuatro grados; Terry se parte de risa cuando le pregunto). Richard, otro de los socorristas, acaba de volver de Borneo, donde estuvo con las fuerzas especiales del Ejército grabando un telefilm sobre supervivencia; está exultante y en un estado físico inmejorable. Vamos juntos por el muelle, yo me meto primero. El agua está muy fría, pero me acuerdo del jueves anterior y decido nadar hasta la soga, bordeando el hielo, seguro de que Richard me va a pasar por al lado como una tromba. Pero no. Giro y vuelvo de espaldas, despacio. En el cielo sin nubes veo tres estelas inmensas, una especie de mensaje alienígena desde el espacio exterior. El agua no podría estar mucho más fría, pero en un día radiante como este me resulta una cosa hermosa. Cuando salgo, veo que Richard ya se secó y se está poniendo la ropa. Terry y Dany me aplauden:

—Eres un tipo duro, Al.

Son las palabras que más anhelo escuchar, viejo y vanidoso como soy. Anoche, para festejar el cumpleaños de Kate, Anne y yo la llevamos a cenar a Simpson's In The Strand. Comimos y bebimos demasiado, y hoy cuando me desperté me sentía pésimo. Al salir del agua, la resaca había desaparecido.

Domingo 12 de enero, 0,5 ºC

De nuevo una noche fría y una mañana resplandeciente —esta vez demasiado fría y resplandeciente—. El hielo avanzó sobre el muelle y además está más grueso: la zona que despejaron los socorristas es muy pequeña como para nadar. Apenas si pude remojarme, dar un par de brazadas, chapotear un poco y volver a salir. Quería más. También hubo un accidente que nos dejó a todos un poco nerviosos: un muchacho joven corrió por el muelle y saltó al estanque en una zona cubierta por una capa de hielo bastante gruesa —lo suficientemente gruesa para quebrarse como si fuera de vidrio y cortarle una arteria del pie—. Mientras esperaban la ambulancia para ir al hospital, los socorristas le preguntaron por qué había hecho semejante cosa.

—Oí que algunos nadadores rompen el hielo —contestó.

—No, pero no así —le dijeron—. El hielo lo rompemos nosotros. Nosotros. Y ya luego ahí se mete la gente.

Parecía un buen chico tratando de divertirse un rato y montar el numerito. Pero resulta que también es periodista, y piensa escribir sobre su pequeña aventura. De ahí nuestra preocupación. ¿Y si los funcionarios del Ayuntamiento de Londres usan esto como excusa para prohibir la natación invernal, o al menos cuando haya hielo en el estanque? ¿Y si algún abogado medio turbio lo convence para que interponga una denuncia por daños y perjuicios? Al Ayuntamiento no le gusta mucho la natación invernal, y menos tener que contratar socorristas para satisfacer a un puñado de personas a las que considera dementes. ¿Y si terminan usando al tonto este como excusa para cerrar el estanque durante el invierno?

En cuanto al hielo: cuanto más fría el agua, más nos gusta y más exclusivo nos parece nuestro pequeño club. Desde luego, es algo que nadie menciona abiertamente, pero creo que está implícito: como pasa con muchos jugadores de póker, casi todos los que venimos al estanque somos exatletas, nos estamos poniendo viejos y ya no podemos practicar los deportes que siempre nos gustaron, así que competimos con la temperatura del agua. Es una alternativa bastante sencilla: el agua fría requiere poquísima fortaleza y nulo estado físico. Pero pasa algo raro (en mi caso, al menos): quiero que el agua esté cada vez más fría, pero cuando de verdad se congela, como hoy, me frustro porque no puedo nadar el tiempo suficiente como para sentir que hice algo de ejercicio. Puede que sea un reflejo de mi otra frustración, que ya es permanente: no poder caminar más que distancias cortas.

Martes 14 de enero, 1,5ºC

Cambió el viento y ahora sopla desde el oeste, se derritieron la nieve y el hielo, es otro día oscuro. Llego al estanque viejo e irascible, renqueando mucho, nado mis cincuenta metros de siempre y me siento mejor. Solo me cruzo con Little Dave. Mientras nos secamos, me empieza a hablar de su vida. En los años setenta, me cuenta, lo internaron por un brote psicótico; en un momento dado llegó a creer que la parte de atrás de la cabeza se le combaba hacia arriba y estaba a punto de implosionar; pasó tres meses en Halliwick, y muchos más con acompañamiento terapéutico (me pregunto si todavía sigue). Al rato empieza a divagar sobre los antiguos trenes de la LMS que iban desde Broad Street hasta Richmond. Se sabe todos los detalles y los cuenta sin compasión. Tiene setenta años, pero parece que estuviera a punto de cumplir doce; un tipo agradable, medio triste; vive solo y logró que el estanque se convirtiera en el centro de su vida social. Cuando se va de aquí, camina o monta en bicicleta durante horas, casi siempre por las orillas del Támesis —cualquier cosa con tal de llenar el día—. La verdad, prefiero no saber. Una vida errante, sin sentido, que él hace sonar ocupada atiborrándola de datos y de minucias, pero que no me parece tan distinta de mi propia y lánguida rutina. Creo que perdí toda energía, toda ambición. La mera idea de escribir algo me consterna, y aborrezco este dolor constante en el tobillo, que en el último año me convirtió —siento que muy de golpe— en un anciano. Quizás sea solo otra forma de decir que me deprime la noción de estar quedándome sin tiempo. Según Beckett, «la perspectiva de la muerte siempre resulta revitalizadora». Ya no estoy tan seguro de que tuviera razón.

Jueves 16 de enero, 2,5ºC

Un día hermoso, soleado, primaveral, casi tibio. Así que elijo creer en lo que veo y me quedo en el agua un buen rato; vuelvo despacio, de espaldas, contemplando las nubes altas, escamadas, las estelas, las gaviotas inquietas, el arco lento y amplio que traza un cormorán antes de posarse en medio del estanque. Después me tomo un tiempo para secarme y me siento al sol sin ponerme la camisa. Hablo con Chris y Dave sobre el antiguo trampolín alto y sobre los profesionales que lo usaban cuando el estanque de Highgate era uno de los centros de referencia para los clavadistas británicos. Después me visto y vuelvo al coche: tiemblo como un sauce, y sigo así otra hora más.

Sábado 18 de enero, 3,5ºC

El tiempo sigue primaveral y el agua lo bastante fría. Entro a nadar mi recorrido de siempre, hasta la soga, y veo que Paul está dándole duro de acá para allá. Solo Dios sabe cuánto hace que se metió al agua, pero cuando salgo todavía sigue ahí. Mientras me estoy secando, aparece en los vestuarios, pero ya viene con la ropa puesta, así que supongo que fue a cambiarse a la cabaña de los socorristas, donde hay una estufa. Tiene la cara azul y tiembla como galvanizado.

—Tampoco es cuestión de pasarse —le digo paternalmente.

—Hay que lograr que duela —responde.

De verdad cree que sufrir un poco es beneficioso. No le veo el sentido.

Domingo 19 de enero, 3,5ºC

Nos acercamos a San Valentín y las aves se van congregando. Parece haber más, y están muy activas. Algunas palomas ya vuelan en parejas y las gaviotas se pelean, graznan y se persiguen ruidosamente por todo el estanque, como precalentando —o poniéndose en forma— para la época del apareamiento. Hoy, cuando llegué a la soga, había una gaviota posada en uno de los flotadores: le pasé a unos quince centímetros; me escrutó con frialdad, pero no se movió. Más atrás, sobre la orilla, vi una garza joven, radiante, de un azul grisáceo recién estrenado; una especie de esquirla celestial clavada en el borde del estanque. Tuve ganas de saludarla y decirle: «Bienvenida de nuevo». El agua sigue fría pero ya se acerca la primavera.

Martes 21 de enero, 3ºC

¡No, todavía no! En días como este uno se pregunta por qué nada en invierno: viento áspero, lluvia torrencial, además del frío y la oscuridad de siempre. El agua parecía incluso más fría que el domingo, aunque probablemente no fuera así. (¿Cómo saberlo? Hace semanas que la pizarra dice tres grados y medio, y el tiempo ha ido variando muchísimo). Lo más difícil fue quitarse la ropa y salir al muelle, como Lear en la tormenta. Después, mientras me secaba a toda velocidad y evocaba con Dave frases graciosas de *It's That Man Again,* una revelación: graznidos en los árboles que asoman sobre los vestuarios. Urracas, pensé.

—Cotorras —dijo Dave. Sorprendente: ¡tenía razón! Dos parejas, de un verde tropical, volando como dardos entre las ramas yermas y empapadas. Por lo visto hay un montón. Como dijo Louis MacNeice: «El mundo está más loco y mucho más de lo que pensamos, | incorregiblemente plural».

Jueves 23 de enero, 3,5ºC

El Heath parece un decorado. Viento áspero, cielo sin nubes, el sol todavía bajo a media mañana pero brillante como un reflector. Las gaviotas vuelan cerca del suelo y el aguijón de las aguas negras y movidas me devuelve a la vida después de una noche de sueño intermitente. Me demoro un rato en el muelle después de nadar; disfruto del día radiante. Me demoro otro poco bajo un sol frío mientras me pongo la ropa, y conduzco hasta casa sintiéndome de maravilla.

Sábado 25 de enero, 3,5ºC

El día se cambia de ropa a toda velocidad, como esos artistas de varietés: cielo negro y lluvia, después se abre un poco, sale un rato el sol y vuelta a llover. Y así todo. Llovía, de hecho, cuando me metí al agua, pero al salir acababa de asomar el sol: una sincronización perfecta. Anoche iba a ir con Kate al cine —Anne está en Oslo—, pero tenía tal cansancio que nos conformamos con un vídeo y una pizza. De todos modos, me fui a dormir después de la una, y esta mañana a las ocho y media —mucho antes de que estuviera preparado—me despertó el timbre. Supongo que lo que me agota tanto es este dolor constante en el tobillo. En sí mismo no es gran cosa, pero no para nunca —dale que dale que dale—, y eso me deprime. Me hace sentir permanentemente viejo e inútil, y a veces pienso que pendo de un hilo. Pero sé que la autocompasión no es el rasgo más admirable, y entonces me deprimo aún más. Un círculo vicioso. Y también la venganza de la hubris: siempre me creí que físicamente indestructible. Como dijo Bette Davis: «Envejecer no es para cobardes». El agua helada, gracias a Dios, barre los dolores y me hace sentir joven durante unos minutos. Estaría en pésimo estado si no tuviera esto.

Lunes 27 de enero, 3,5ºC

Un día templado, agradable, con una levísima bruma, como si estuviéramos en abril y no en enero, aunque el agua sigue bastante fría —lo que me ayuda a disfrutar más tanto del día como del agua—. Los del servicio meteorológico predicen otra helada para dentro de unos días, así que me quedo más de lo que debería para aprovechar el sol al máximo. Chris nos muestra una foto grupal de los *habitués* del estanque de 1939. Está Percy, y Harold, que murió hace poco, a los noventa y uno. El resto de los nombres no me dice nada. Uno es un boxeador al que Chris conoció cuando todavía peleaba. Son todos jóvenes y atléticos. Sonríen. Me pregunto cuántos sobrevivieron a la guerra. Llega Steve, el socorrista, y se queda a charlar un rato. Cuenta que dejó el instituto a los dieciséis, casi sin saber leer, y que ahora estudia literatura en una escuela nocturna y está muy entusiasmado con Orwell. El próximo libro en su lista de lecturas es *El dios salvaje* —ya leyó *Alimentar a la bestia*—, así que le prometo que mañana le voy a traer un ejemplar de la reedición de Bloomsbury. Tal vez, después de todo, envejecer sí tenga sus ventajas: la gente te cuenta cosas, quizá porque sabe que no las vas a usar en su contra. Comoquiera, es halagador que te pongan en el mismo grupo con Orwell.

Martes 28 de enero, 3ºC

El servicio meteorológico tenía razón: el viento sopla ahora desde el norte y ha vuelto el invierno. A las nueve y media el cielo está despejado, pero hay un viento intenso y cortante y el agua parece helada. Hoy no me demoro: me desvisto raudo, nado mis cincuenta metros, me seco y me pongo la ropa lo más rápido que puedo. Los árboles se estremecen, las urracas surcan el aire como balas de cañón y hasta las gaviotas tienen dificultades para mantener el equilibrio. Estos días son los que más me gustan: cuando la bestia tiene algo para entretenerse, y vivir vale la pena.

Jueves 30 de enero, ¿3ºC?

El día estaba tan oscuro que fue como entrar en un sótano. Anoche el pronóstico había anunciado nieve y viento del norte, directo desde el Ártico, y por una vez acertó. Cuando salí de casa estaba empezando a nevar, y antes de doblar en Well Walk ya caía con fuerza —copos grandes, pesados; nieve en serio, de la que llega para quedarse—. Me costó mucho quitarme la ropa, y mucho más salir al muelle cubierto de blanco. El viento polar hizo que la temperatura del aire cayera bien por debajo de cero y, en comparación, el agua helada del estanque parecía casi tibia. No volaban ni las gaviotas: estaban apiñadas tristemente sobre el trampolín, como pasajeras de un tren en hora punta. Junto a la orilla, a resguardo de la ráfaga principal, nadaban dos cisnes. Mientras volvía de espaldas me cercaron, pero tenía demasiado frío como para preocuparme, así que los ignoré. Y entonces sí, al subir al muelle, ese brillo aislante y maravilloso que genera la sangre al regresar a las extremidades después de haber fluido al núcleo vital del cuerpo para preservarlo del agua helada. Aun así, tenía las manos demasiado entumecidas como para atarme los cordones y abrocharme el pantalón. Dave pudo con los zapatos, pero fracasó con los botones. Después llegó Chris, el artífice de la prenda, y tuvo mejor suerte. Antes de que me terminara de vestir había salido el sol, se habían disipado las nubes y las calles estaban resplandecientes, con la nieve ya derretida. Volví a casa sobre un ancho río de oro. De todas maneras, seguí temblando durante una hora, aunque el brillo ya se había propagado, la bestia estaba satisfecha y yo me sentía genial.

Domingo 2 de febrero, ¿3ºC?

Los últimos días fueron horribles. El jueves por la tarde volvió la nieve, más intensa que antes, y después el viento polar trajo una helada feroz. Traté de ir hasta el Vic a jugar al póker, pero Flask Walk estaba intransitable. Y no solo Flask Walk: todo el sureste de Inglaterra estuvo paralizado. En las autopistas hubo atascos de doce horas o más; una mujer llamó a un programa de radio y contó que, para ir de Swiss Cottage a Golden Green, un trayecto que por lo general le lleva diez minutos, había tardado cuatro horas. El viernes aún seguía todo congelado. Miré por la ventana de mi estudio: no circulaban coches, y los peatones derrapaban como si estuvieran en una pista de patinaje sobre hielo. Este tobillo de mierda me obliga a andar a tientas incluso con buen tiempo, así que me quedé en casa todo el día y terminé cabreado, más que nada conmigo mismo por este deterioro que me mantiene confinado. Me dije que al día siguiente todo iba a mejorar, pero el sábado, aunque el viento estaba algo más templado, la nieve y el hielo seguían ahí, así que también me quedé en casa y me odié un poco más que antes. Por la tarde, por fin, empezó a derretirse el hielo, y por la noche pudimos conducir sin problema hasta un restaurante en Knightsbridge para cenar con Michael y Kathy. Lo pasamos muy bien. Esta mañana salió el sol y el Heath estaba atestado de gente que paseaba perros y niños. Iban como aturdidos de placer, parecían condenados a muerte recién indultados. Que es lo mismo que sentí yo en el agua helada; después me sequé al sol y charlé un rato con Steve y Danny. Aunque el trabajo se sigue amontonando y no logro escribir ni media palabra, la vida me vuelve a parecer posible.

Martes 4 de febrero, 0,5/1ºC

Un día luminoso, áspero; sol bajo, sombras largas y un viento cortante. En el muelle, alrededor de la escalera, la alfombra tenía un manchón de hielo, y el agua en el estanque estaba todo lo fría que puede estar sin congelarse. Después de nadar mis cincuenta metros, las manos y los pies se me quedaron entumecidos, y siguieron así durante media hora. Pero al menos logré abotonarme el pantalón y atarme los cordones. Mientras me vestía, un zorzal charlo encaramado en la rama más alta de uno de los árboles que asoman sobre los vestuarios —una manchita blancuzca contra el cielo pálido— le cantaba serenatas a la primavera con una cascada musical muy dulce. Cuatro palomas picoteaban bajo las hayas en la pendiente cerca del camino. Los pájaros están empezando a buscar pareja, como preparándose para San Valentín.

Jueves 6 de febrero, 0,5ºC

También hoy hay hielo en el estanque. No es grueso, pero lo cubre todo, excepto unos diez metros al comienzo del muelle. Nado ahí una vuelta muy corta que me lleva apenas unos minutos: no me resulta suficiente. Tal vez tendría que haber nadado un recorrido más largo, o haberlo hecho dos veces. Terry me vigila estilo mamá gallina, como acostumbra durante los meses de invierno. Cuando salgo le doy mi número de teléfono, por si llego a hacer la gran Rudolph. Lo mete en un cuaderno, junto con los teléfonos de otros viejos, como Percy. Le pregunto por qué en la pizarra dice que la temperatura del agua es de cuatro grados si el estanque está congelado. Me dice que ninguno de los termómetros funciona y que habría que organizar una reunión de comité para comprar uno nuevo. Cuando estoy saliendo me cruzo con uno de los *habitués* más viejos, supera los ochenta, muy buenos rasgos, inteligente y distinguido (puede que ex abogado).

—Está un poquito congelado —le digo en voz alta, porque está medio sordo.

—Magnífico —responde.

Es raro que el agua esté tan fría y que al mismo tiempo los pájaros canten tanto.

Sábado 8 de febrero, 1,5/2°C

El día está nublado y oscuro, pero el viento es ligero y el aire está mucho más templado que antes (unos diez grados). Tal vez por eso el agua parece así de fría: fría como la muerte, tan fría que hace que me duela la mandíbula. Pero después salgo, el brillo se propaga y me siento genial. ¿Qué haría yo sin todo esto?

Domingo 9 de febrero, 2°C

Otro día invernal y plomizo; no hace demasiado frío, pero llueve. Es raro que lo más difícil de sobrellevar para alguien que de todos modos se va a meter al agua sea la lluvia. Pero la verdad es que me parece antinatural quitarse la ropa y salir a la intemperie a empaparse y pasar frío. Había olitas en toda la superficie del estanque; te desorientan un poco, como un cuadro de Bridget Riley. Esperé un rato, levemente mareado por el centelleo, sintiendo la lluvia sobre la piel, ya casi disfrutándola; me tiré y nadé rápido. El agua sigue fría, pero no tanto como ayer.

Martes 11 de febrero, 1,5ºC

Otro día horrible. El Heath, vacío salvo por un par de solitarios paseadores de perros, apurados y con la cabeza gacha, pertrechados para la lluvia. Uno de los socorristas tiraba pan duro a las aves, así que el agua cerca de la orilla estaba repleta de patos y cisnes. Una multitud de gaviotas chillaba sobre el muelle; cuando me acerqué, levantaron el vuelo de mala gana. El agua sigue helada, me dolió la mandíbula. Me vestí a toda velocidad y conduje hasta casa con la calefacción al máximo. A pesar del mal tiempo, los pájaros estaban como locos. El zorzal charlo, encaramado en su lugar de siempre —en la punta de uno de los árboles que asoma sobre los vestuarios—, repasaba todo su repertorio. Es extraordinario. Anoche en la radio escuché *La flauta mágica,* en vivo desde el Covent Garden: Papageno no le llega ni a los talones.

Viernes 14 de febrero, 1ºC

Un día de invierno precioso: sol pálido en un cielo pálido y ni una nube a la vista; las ventanillas del coche cubiertas de hielo, viento gélido. Por fin la pizarra ya no dice cuatro grados. Aunque no es que tengan un termómetro nuevo. Me dijo Terry que Geoff, el otro socorrista, metió un dedo en el agua y dijo «Caray, qué fría», así que corrigieron la cifra. Y tenía razón. Sobre el muelle estaban los manchones de hielo que habían dejado los nadadores anteriores al chorrear, y el frío casi me corta la respiración. Tuve que dar seis o siete brazadas antes de poder tomar aire. Sin embargo, no parece mucho más fría que durante las últimas semanas. No es que importe, solo que estaba demasiado helada como para quedarse dando vueltas. Y lo raro es esto: nadé mis cincuenta metros lo más rápido que pude, pero, cuando salí, Terry —que me había cronometrado— me dijo:

—Has estado más lento que de costumbre, unos diez segundos, o más.

No tenía idea de que me tomaba el tiempo; tal vez sea parte de su rutina de control de ancianos.

—¿Cuánto tiempo estuve dentro?

—Más que tus habituales tres minutos y medio.

(No sabía que tardaba eso en ir hasta la soga y volver; parece menos). Entonces, ¿por qué tardé más cuando creía que me estaba dando prisa? ¿Será que la viscosidad del agua aumenta cuando la temperatura baja? Yo antes sabía este tipo de cosas.

Domingo 16 de febrero, 1ºC

Camino al estanque, Anne y yo paramos en el Cornwell a tomar un café, así que llegué tarde. Mejor, porque era otro día helado y con un viento mortífero; pero a media mañana, cuando por fin me iba a meter en el agua, las nubes ya se habían dispersado y el sol calentaba todo lo posible. El agua no podía estar más gélida sin pasar al estado sólido, pero la verdad es que cada vez me gusta más así. Ni siquiera me molesta la parte más fría de todo el proceso, que no es la natación en sí misma sino el trámite previo: despojarse de la última capa de ropa, cruzar los vestuarios y salir al muelle en medio del viento, revisar que no haya aves y zambullirse. Y cuando puedo sentarme al sol después del chapuzón, a resguardo del viento, me resulta realmente hermoso. Esta mañana incluso tomé un rato el sol antes de ponerme la ropa. Y después otra vez cuesta arriba, de vuelta al Heath y a los paseantes domingueros abrigados como para ir al polo. Qué mundo más raro.

Martes 18 de febrero, 0,5°C

Esto mejora día a día. La temperatura cae, pero el cielo sigue limpio y el sol brilla. Por la mañana, el estanque estaba tan congelado como el coche, y la sensación térmica, bien por debajo de cero. Pero hacia las diez ya habían despejado una superficie bastante aceptable como para nadar unos cuantos metros sin chocar con el hielo. No me resultó suficiente, francamente, así que me quedé un rato en la escalera, dudando si meterme otra vez o no. Decidí que no, y después me arrepentí. De vuelta en los vestuarios tomé un poco el sol y charlé con Chris. La verdad es que me encanta cuando el tiempo está así, y el pronóstico dice aún se prolongará un par de días. Preferiría un par de semanas más, tal vez porque estoy en el invierno de mi vida y, dejando de lado el tobillo, soy muy feliz.

Jueves 20 de febrero, 1°C

No tendría que haber hablado de este tobillo de mierda. Ayer Anne tenía que dar una conferencia en Cambridge, así que la llevé y me quedé dando vueltas por ahí, haciendo algo de vida social. Cuando volvimos a casa, el tobillo estaba en modo pesadillesco. Tomé un analgésico, pero igualmente el dolor me despertó por la noche —por primera vez, aunque juraría que no va a ser la última—. Me levanté maltrecho y sentí lástima de mí mismo. Pero el día estaba hermoso, el estanque operó su magia habitual y salí del agua restablecido. El aire sigue muy frío, aunque el viento ha amainado un poco, el sol está apenas más alto y de pronto parece primavera —una brisa luminosa, cierta suavidad detrás del frío—. Los confines del estanque siguen congelados y las gaviotas se arrastran por ahí desconsoladamente. Pero a la izquierda del muelle había un único rectángulo de hielo flotando a la deriva, así que pude nadar sin problemas hasta la marca de los veinticinco metros. Al salir, la garza levantó el vuelo inesperadamente desde atrás de la cabaña de los socorristas: un paralelogramo azul plomizo que trazó un arco sobre el estanque con un par de aleteos perezosos. Aterrizó en la orilla opuesta; después hurgó con apremio entre los arbustos en busca de comida. Mi vieja amiga, otra vez por aquí.

Le pregunté a Terry por qué uno nada más lento en el agua fría. Dice que no tiene nada que ver con la viscosidad; es solo que los músculos se tensan cuando la sangre sale disparada a mantener calientes los órganos vitales. Listo, ahora lo sé.

Viernes 21 de febrero, 0,5°C

Un día primaveral perfecto. Sin nubes, templado; de hecho, tan templado como para quedarse un rato dando vueltas y tomando el sol. Sobre la plataforma pequeña, donde los socorristas amarran el bote, dormían profundamente tres patos: acurrucados bajo el sol, con la cabeza hacia atrás y el pico hundido entre las plumas. Sin embargo, casi todo el estanque sigue congelado, y las gaviotas andan por ahí amontonadas, como si hubieran organizado una manifestación política —aunque puede que solo estén aprovechando al máximo el hielo antes de que se esfume durante otros diez meses—. Entre el muelle y la soga, apenas dos o tres pedazos a la deriva, nada grave, así que al volver tracé una especie de arco como para extender un rato ese contraste tan hermoso entre el sol en la cara y el agua gélida. Después perdí un poco el tiempo en los vestuarios y tomé el sol, como los patos, sin ganas de volver a abrigarme con todas esas capas de ropa. Natación perfecta en un día perfecto.

Sábado 22 de febrero, 0,5/1ºC

Otro día glorioso y remolón. A las nueve todavía estaba nublado, había niebla y soplaba un viento espantoso, así que nos quedamos leyendo el periódico en la cama; pero a eso de las once el cielo ya estaba despejado: un tiempo perfecto, como ayer. El hielo va menguando y está cada vez más fino, aunque todavía hay suficiente como para recibir a las gaviotas. El agua sigue fría. Igual que el viento: demasiado frío para tomar el sol —que es, supongo, como deberían ser las cosas—. El jueves terminé un artículo largo para *The New York Review of Books* sobre los poetas de la Primera Guerra Mundial y me tomé un par de días libres: perdí un poco el tiempo, vi el rugby, jugué al póker en el ordenador y cosas por el estilo. Creo que lo único que quiero es nadar. Si tuviera una pensión mejor, con mucho gusto haría esto mismo durante el resto de mi vida.

Martes 25 de febrero, 1ºC

Después de dos días sin estanque —electricista el domingo por la mañana y ayer alguna otra excusa trivial que ya ni recuerdo—, me despierto incompleto y anhelando un poco de natación. Llevo días con el tobillo hecho polvo —inestable, muy dolorido—, y me subo al coche completamente desmoralizado. También irritable e impaciente. Pero hay poco tráfico —el peaje urbano para circular en horario laboral empezó a funcionar la semana pasada—, así que llego a Highgate bastante rápido. Es un día radiante, ligero, repleto de promesas primaverales, aunque sopla un viento cortante que hace que todo esté más frío de lo que aparenta. También el agua sigue lo bastante gélida como para que me duela la mandíbula. Pero la natación es un placer inmenso —uso el cuerpo como corresponde, siento cómo van desapareciendo los dolores matutinos— y salgo restablecido, de nuevo parte de la especie humana y ya no un lisiado quejumbroso. Anoche la BBC hizo un programita especial sobre los estanques: la mayor parte era una chorrada en torno a la presentadora (una tonta que se daba un chapuzón invernal), pero con una entrevista muy buena a Chris en su sastrería, sumamente vital y muy articulado. Llegó un poco después que yo, claramente feliz con todo aquello, como corresponde, aunque tratando de que no se le notara. Es una buena persona.

Jueves 27 de febrero, 2,5ºC

La primavera está cada vez más cerca. Casi la puedo oler. Los árboles siguen pelados, pero en las puntas de las ramas —donde pronto van a salir las hojas— se adivinan unas turgencias muy leves. Además, al alba ya suena un coro deshilachado. El agua todavía está fría, aunque no tanto como la semana pasada; brilla un sol pálido y el aire es dulce, apacible. Los cisnes están armando su nido en la otra orilla, una pareja de gansos canadienses grazna desde el estanque de al lado y los cormoranes parecen estar de muy mal humor. Las gaviotas aún siguen sin decidirse a levantar el vuelo: hay varias posadas en el muelle antiguo, sobre el trampolín; estudian el agua, como tratando de decidir en qué momento emprender el viaje hacia la costa.

Viernes 28 de febrero, 2,5ºC

Nos levantamos temprano porque Anne se iba a Génova, y salimos de casa en pleno apogeo de madres, cuando Flask

Walk parece una melé de coches —aunque ni siquiera es tan ordenado como una melé: es más bien como un *maul* rodante—. Otra mañana hermosa de primavera —cantan los pájaros, la habitación está inundada de sol—, así que llego a creer que es hora de eliminar una capa de ropa. Pero una vez en la calle el viento es tan penetrante que me alegro de no haberlo hecho. En el estanque es igual: antes de meterme charlo un rato con Steve, que acaba de terminar de leer *El dios salvaje,* y al salir del agua charlo un poco más. Para cuando vuelvo a los vestuarios tengo muchísimo frío, y después tiemblo durante varias horas. Sin embargo, el agua está increíble: todavía fría pero ya a punto de ceder —quiero nadar unos metros más—. El tiempo también está mutando; hacia el mediodía arranca a llover.

Sábado 1 de marzo, 2,5°C

Llovió durante la noche, y después otra vez por la tarde, pero cuando fui al estanque, cerca del mediodía, el sol iba y venía, soplaba un viento suave y las gaviotas volaban y giraban en un cielo repleto de nubes fragmentadas. El agua mantiene sus gélidos dos grados y medio pero, como el aire está agradable, parece más tibia.

Lunes 3 de marzo, 4°C

El viernes por la noche jugué al póker en el Vic; después, conduje hasta Oxford para participar en un torneo. Terminó a las dos de la mañana (quedé cuarto). Me quedé con Tony y Roy Houghton cotilleando y riéndonos hasta las cuatro —riéndonos al menos hasta que Roy dijo, tarde y como de pasada, que le diagnosticaron cáncer, que lo operaron hace unos meses y que ahora tiene que volver al hospital para otra intervención—. Lo contó en tono neutro y con cierto desenfado; de hecho, lo contó un poco en broma, lo que en realidad lo volvió todo más triste. No dormí mucho. Me desperté temprano para volver a Londres. Teníamos un panel de póker con Tony y Patrick Marber en la Semana del Libro Judío (póker en un festival literario: ¿habrá algo más judío que eso?). Por la noche era un muerto viviente; dormí nueve horas y el estanque me hacía más falta que nunca. Me desperté con el sol. Los pájaros cantaban, la calefacción central trabajaba a toda máquina. Por fin la primavera, pensé; hora de eliminar una capa de ropa. Pero me equivoqué de nuevo. Los pájaros estaban como locos y el agua había subido un par de grados, pero el aire seguía helado, y después tuve frío durante un buen rato. Aun así, el estanque operó su magia, y al salir me sentí otra vez —más o menos— parte del género humano.

Miércoles 5 de marzo, 3,5ºC

Se fueron los cormoranes, aunque no sé bien cuándo. La semana pasada andaban por aquí, seguro, pero puede que el lunes ya se hubieran ido. Qué raro que no me haya dado cuenta. Ahora que no están, extraño esa presencia invernal, las alas extendidas, lánguidas, esos picos asesinos, su quietud y su melancolía. Tienen un aspecto bastante primitivo, como si fueran vestigios de una era geológica anterior —tal vez la Edad de Hielo—, cuando el mundo era un lugar más lúgubre, menos agradable e indulgente de lo que es ahora. Tal vez solo me haya dado cuenta de que se habían ido porque es un día oscuro y frío, aunque el viento sopla desde el suroeste y el agua parece más tibia que antes. No lo está, pero en breve lo estará, y aunque una vez que saquen las sogas va a ser un placer poder nadar más, ya me he convertido en una criatura invernal, como ellos, y prefiero el frío.

Viernes 7 de marzo, 3,5ºC

Otra de esas mañanas tempestuosas de marzo que desde la ventana de una habitación tibia parecen espléndidas pero que te congelan en cuanto pones un pie en la calle. Es por el viento helado: hace que las nubes y las sombras corran, lanza a los cuervos de acá para allá como si fueran piedrecitas y convierte la superficie del estanque en una retícula deslumbrante de olas. Aunque el agua sigue en tres grados y medio, cada día parece más tibia, y siento que debería nadar un poco más: tal vez en diagonal, y no en línea recta hasta la soga y de ahí directo al muelle. Elijo, en cambio, demorarme un rato en la vuelta: estudio cómo se van hinchando muy despacio las puntas de las ramas en los árboles que asoman sobre el estanque. Hacia la hora de almorzar ya no había sol, llovía y los árboles pelados frente a la ventana de mi estudio se sacudían como posesos.

Sábado 8 de marzo, 3,5ºC

La misma mezcla que antes, pero con menos sol y más urgencia: un chapuzón veloz antes de ir con Anne al Back Shop a comprar un diván para mi estudio, después al súper, después Irlanda contra Francia. En resumen, un típico sábado. Soplaba un viento frío y el agua estaba maravillosa, pero cuando le dije a Terry que pensaba nadar un poco más me advirtió: «No, no, ni hablar. Espera a que se entibie». A eso se refiere la gente cuando dice «alguien que te cuide». Un tipo adorable.

Domingo 9 de marzo, ¿5,5/6ºC?

Resulta que todavía están sin termómetro, pero es evidente que el agua se sigue entibiando. En la piscina, donde siempre hay un par de grados menos que en el estanque y donde sí tienen un termómetro que funciona, la temperatura ha rondado toda la semana los cuatro grados, y en un día primaveral como este no quedan dudas. El viento perdió la aspereza, brilla un sol tenue, el agua centellea y los pájaros cantan. Al salir ya no tengo ese brillo color langosta; estoy levemente sonrosado, saludable, en paz con el mundo.

Martes 11 de marzo, 6ºC

Ayer el aire estuvo más cálido, incluso a altas horas de la noche, cuando volvía de jugar un torneo de póker. Así que hoy otra vez decidí eliminar una capa de ropa y otra vez me arrepentí en cuanto puse un pie en el exterior. Acostarme tarde significa levantarme tarde, así que tuve el estanque para mí solo. El día está encapotado, el viento, fresco, hay lluvia en el ambiente y el agua sigue agradablemente fría. Bajo las hayas de la cuesta se bamboleaban dos palomas gordas, y vi cuervos en el cielo, pero quedan muy pocas gaviotas. Los cisnes se mantienen en la otra orilla, donde están anidando, y les dejaron el estanque a las gallaretas, las gallinetas y los patos. También hay un somormujo solitario que desaparece intermitentemente para atrapar peces y después vuelve a la superficie como un corcho.

Jueves 13 de marzo, 6ºC

¡Cambia el viento y cómo se nota la diferencia! Veinticuatro horas atrás empezó a soplar desde el norte y, a pesar de las flores en los árboles frutales que asoman sobre las tapias entre mi casa y Highgate —perales, manzanos, cerezos e incluso el almendro que hay en Flask Walk—, volvió el invierno. Y uno de los cormoranes. Tal vez la criatura salió tarde y cambió de idea a mitad de camino. Ahora se ha entronizado en el centro del estanque, con las alas extendidas y el cuello estirado: parece irritadísimo. Hasta el cisne lo evita y prefiere venir a nadar exactamente donde estoy a punto de meterme. Pero hace demasiado frío como para esperar a que se decida, así que me tiro igual. Al salir veo que está cerca del muelle, mendigándole pan duro a un socorrista.

Sábado 15 de marzo, 6ºC

Sigue el frío, pero el cielo está inmaculado. La zona del Heath que da a East Heath Road es una masa de narcisos enanos, y en los sauces que hay en la otra punta del estanque ya están creciendo las primeras hojas —un velo leve y verde que titila bajo el viento helado—. Anoche tuve póker en el Vic: una partida llena de suecos que hablaban demasiado y habían aprendido a jugar en Internet. Les pegué un buen baile, pero gané menos de lo que hubiera debido, cosa que me irritó un poco. Y esta mañana descubrí que un camión me había rayado el coche nuevo por el lado del conductor, lo que transformó la irritación en furia. Pero las aguas frías y delicadas del estanque barren con todo, como siempre.

Domingo 16 de marzo, ¿7º?

Encontré esto en los *Diarios* de Cheever: «No querría caracterizar al Nadador como Narciso. La posibilidad de un hombre que se obsesiona con su propia imagen está ahí, escenificada con cierto hedor de anormalidad, pero sería como elegir una manzana podrida y alabarla cuando el huerto está repleto de especímenes en buen estado. Ya lo hice antes; me gustaría hacerlo mejor. Nadar es un placer, es beberse entera la tarde de verano, es felicidad. Es lógico y natural que un hombre, en cierta medida, se ame a sí mismo. Como también es lógico y natural que haya goteras en el techo, aunque difícilmente sea algo universal. Por eso aquellos que vacían la piscina no son más que una amenaza. Para cuando él llegue, el agua tendrá la profundidad necesaria para zambullirse. Con Pigmalión se da la necesidad de dignificar la situación, de volverla urgente. [...] El Nadador podría atravesar las estaciones; no sé bien, pero sé que no es Narciso. ¿Cambiarán las estaciones? ¿Se marchitarán las hojas y empezarán a caer? ¿Refrescará? ¿Llegará la nieve? Pero ¿cuál sería el sentido? Uno no envejece en lo que dura una tarde. Bueno, habrá que ver».

En la versión final, el Nadador efectivamente envejece en lo que dura una tarde, y el envejecimiento es uno de los temas del cuento —cómo se agotan el deleite animal y la ambición de la juventud, cómo se secan, se escurren, se pierden, se convierten en cenizas—. Pero hoy no, no para mí, no en esta mañana hermosa de primavera, no hoy que anidan los pájaros y no hay ni una nube en el cielo y el velo verde de los sauces parece notablemente más brillante que ayer. El agua estaba limpia, nítida, perfecta; no quería salir. En lugar de mis cincuenta metros de siempre —veinticinco de ida y otros tantos de vuelta—, tomé un pequeño desvío: en diagonal hasta la soga, después pasando el muelle y otra vez para este lado. No fue una gran diferencia, quizá no más de ochenta metros en total, pero me pareció acorde con la belleza del día y con el agua, fresca y perfecta. Un deleite completo, de esos que te planchan las arrugas durante un rato.

Lunes 17 de marzo, ¿7ºC?

Otro día radiante de primavera, demasiado hermoso como para desperdiciarlo, aunque por lo general no voy a nadar los lunes. Dave, el gaitero, que había ido con su hija en el cochecito, lo llamó «falsa primavera», y predijo que en cualquier momento volverá el mal tiempo. Mientras tanto, disfruto todo lo que puedo y nado más que de costumbre: en diagonal hasta la otra punta, después bordeando la soga externa y de ahí, otra vez, hasta el muelle. Unos cien metros en total. No es mucho, pero me resulta absolutamente perfecto.

Miércoles 19 de marzo, 8,5ºC

Este tiempo perfecto no termina nunca: noches heladas para mantener el agua fría, días sin nubes para entibiarla —y poco a poco van ganando los días—. Cada mañana me quedo un rato más en el agua, y cuando vuelvo al muelle no quiero salir. Es como si se tratara de dos personas distintas: el viejo que se levanta de la cama dolorido, crujiendo, renqueando y de mal humor, y después el que emerge del agua sin dolores, sin arrugas, diez años más joven. Diez años menos, desde luego, no me devuelven la juventud, y el tobillo todavía me duele cuando subo la pendiente detrás del estanque, pero es un progreso.

Jueves 20 de marzo, 8,5ºC

Te das cuenta de que ha empezado la primavera cuando al levantarte por la mañana ni te molestas en cerrar las ventanas. Cada día el aire está más cálido y agradable. En los arbustos que hay al lado de los escalones que dan a los vestuarios van floreciendo las violetas: silvestres, frágiles, sumamente pálidas. Hoy empieza esa incursión militar tan ridícula en Irak y el cielo está cruzado de estelas, todas a gran altura. Las estudio mientras nado el último tramo de mi mini circuito, y me pregunto si serán B-52 camino a Bagdad o los vuelos habituales que llegan desde Europa continental. Me tomo mi tiempo. Es un día radiante y el agua está perfecta —fría pero no demasiado: me devuelve a la vida—. «La escarcha oficia su secreto ministerio», escribió Coleridge. Igual que las aguas ambarinas y heladas del estanque. Después me quedo un rato bajo el sol a chismorrear con los *habitués.* Uno del grupo, George —esbelto, atlético, canoso—, cuenta que estuvo ayudando a Chris a bajar un piano dos pisos por la escalera y a sacar del sótano de la sastrería una vieja plancha industrial de acero.

—Para moverla tuvimos que cortarla en tres partes, cada una pesaba doscientos cincuenta kilos.

Tiene ochenta años.

Sábado 22 y domingo 23 de marzo, ¿9/10ºC?

El tiempo sigue radiante: noches frías, niebla matutina; después, días sin nubes, cada uno mínimamente más templado que el anterior. Cada vez nado un poco más, y salgo a regañadientes. Desapareció la alfombra del muelle: ayer estaba y esta mañana ya no; lo mismo va a pasar pronto con las sogas en el estanque, espero. Uno de los cormoranes todavía anda por aquí, entronizado en su salvavidas de siempre. Sabe Dios por qué. Quizás está envejeciendo y quiere darse a la buena vida, como todos nosotros. En los vestuarios sonreímos de placer, incrédulos frente a tanta suerte. Contamos chistes malos y evocamos los buenos, viejos tiempos: el mes pasado, cuando el clima era espantoso, el agua estaba helada y los debiluchos ni se acercaban.

Martes 25 de marzo, 9/10ºC

Bien temprano, niebla; pero después una mañana inmaculada, más cálida que ayer, y con olor a césped cortado. Hay flores en los árboles que asoman sobre los vestuarios y el aire está repleto del canto de los pájaros. Cada día nado un poco más y cuando salgo estoy cansado, pero ya no rojo como una langosta. Me gustaría estar aquí el día entero: nadando, tomando el sol, leyendo, nadando otro rato. Una manera perfecta para pasar los años cuando me jubile. Pero no me puedo dar el lujo de jubilarme, y alguien tiene que reescribir las conferencias para Nueva York.

Jueves 27 de marzo, 10ºC

Este es el intervalo primaveral más largo del que tenga memoria: días y días de cielos sin nubes. Las noches y el agua se entibian progresivamente, la natación se me hace más agradable. Cada día me aventuro un poco más y ya ni me doy cuenta, así que debo de estar poniéndome en forma, aunque la buena forma, en mi estado menguante, es un concepto relativo. Hoy vinieron a instalar un aparato electrónico para combatir las algas azules. Cuesta 1500 libras, pero dice Tony, el socorrista, que es bastante poco en comparación con las 5000 que cobran por poner las bolsas de paja. ¡Mientras tanto no pueden gastar en un termómetro!

Sábado 29 de marzo, 10ºC+

Hoy cuando me desperté brevemente al alba vi que había vuelto el zorzal: cantaba con alma y vida al lado de la ventana. En el estanque ya casi parece que el verano estuviera en camino. Aire cálido, todos los árboles en flor. Los socorristas limpian a fondo la cabaña. Una mesa, un archivador, un par de sillas y una pila de cachivaches desparramados a la intemperie, junto con una escoba, una fregona y un cubo. Terry se quitó la camiseta y es todo panza y tatuajes; Danny parece hacer la mayor parte de la faena. El agua está increíble, yo estiro la natación y después hago un poco de tiempo en la escalerita, mitad dentro, mitad fuera. El cormorán solitario sigue ahí, melancólicamente entronizado, y ahora desentona entre los patos y las gallaretas, tan domésticos y hacendosos. También hay dos gaviotas argénteas que todavía no se han ido para la costa; vuelan en círculos, graznan con estridencia.

Domingo 30 de marzo, 10ºC+

Se adelantan los relojes, desaparecen las sogas, el tiempo sigue inmaculado. Es muy agradable poder tirarse desde el muelle y nadar en paz sin terminar enredado en una cuerda. El agua estaba preciosa: fui casi hasta la barrera exterior, me faltaron apenas veinte metros, y en el instante en que me puse de espaldas para volver me arrepentí de no haber seguido. Hace más de quince días que la pizarra dice ocho grados y medio, aunque parecen al menos diez. Esa es otra de las barreras que desapareció este año: el frío ya no me parece tan frío, y casi no quiero que el agua se entibie. Charlo un poco al sol con el grupo de los domingos; nadie tiene apuro por ponerse la ropa. Vinimos con Luke, que fue a caminar un rato con Anne —es el Día de la Madre—. Después volvimos a casa, preparamos un desayuno inmenso y vimos cómo Inglaterra destruía a Irlanda y ganaba el Grand Slam, la Triple Corona y el Seis Naciones, también conocido como: Vivieron Felices Para Siempre.

Martes 1 de abril, 10ºC+

Se acabó el marzo más seco y soleado de los últimos cuarenta años y volvimos a la normalidad: viento gélido, cielos grises, amenaza de lluvia. Recupero mis cuatro capas de ropa, y cuando me desvisto tengo frío. El agua, en comparación, parece casi tibia, así que nado un poco más que la vez pasada —emprendo la vuelta unos diez metros antes de la barrera externa—. El estanque está como desierto: el cormorán por fin migró hacia el norte, se fue la última pareja de gaviotas, los cisnes flotan lejos —en la otra punta, ocupados en su nido— y en el agua no hay más que patos, gallaretas y un par de somormujos. La mañana no invita a quedarse dando vueltas. Me visto a toda velocidad mientras trato de calmar a Chris, que esta tarde se examina de nivel uno de piano y anda un poco inquieto. Nivel uno casi a los sesenta años: qué tipo imparable.

Jueves 3 de abril, 10ºC+

Otro día helado, sin aves a la vista cuando me meto al agua. Pero mientras vuelvo, contemplando las nubes, casi sin pensar en nada, percibo una ligera perturbación a mi derecha. Giro la cabeza. A menos de un metro hay un cisne —la curva blanca y majestuosa del ala, el lomo y el cuello; el pico amarillo y negro, los ojos brillantes como botones—. Nos miramos fijamente un segundo y seguimos el viaje: yo hacia el muelle, él hacia su nido en la otra orilla. Igual que la temperatura del agua, los cisnes ya no me afectan, pero es algo que no he descubierto hasta hoy.

Sábado 5 de abril, 10,5ºC

Imposible imaginar un día más radiante: un viento suave llena el aire de flores minúsculas y hace vibrar la superficie del estanque, que brilla y parece cobrar vida. Ayer estuve todo el día en el centro, rodeado de placeres: almuerzo en el Beefsteak con Luke, después con Anne a una muestra de arte azteca en la Royal Academy, de ahí a cenar a Wheeler's of St. James. Por desgracia, terminé con el tobillo a punto de explotar. Mejoró con la natación. Llegué con energía de sobra hasta la barrera externa; volví despacio; el agua estaba perfecta.

—Debe de andar en unos quince grados —le dije a Terry cuando salí.

—Diez y medio —me respondió.

Al fin me aclimaté.

Domingo 6 de abril, 10,5ºC

Por lo visto, en esta época del año basta una leve —levísima— alteración en las corrientes atmosféricas para que el tiempo cambie radicalmente. Y eso es lo que debió de ocurrir anoche, en algún momento después de las doce. La mañana está gris, sopla un viento frío y hay amenaza de lluvia. Además, por alguna razón que no entiendo, me duele el pie izquierdo. Si a eso le sumamos el incordio del tobillo derecho, el resultado es que renqueo como Matusalén. Ya veo por qué los viejos son tan irascibles. Envejecer es más fácil que estar enamorado: implica nunca tener que pedir perdón.

Martes 8 de abril, 10,5°C

Salió el sol, pero sigue soplando un viento ártico. Cuatro capas de ropa y todavía tengo frío —frío antes de nadar y mucho más después—. Es como si de pronto las estaciones estuvieran retrocediendo. Para demostrarlo, volvió otro cormorán. Ahora hay dos. Dos presencias sombrías, las alas desplegadas puestas a secar.

Jueves 10 de abril, 8,5°C

Ayer le expliqué a Iga mis nuevos problemas en los pies: ahora, además del derecho, me duele también el izquierdo; mi temor es que en algún momento ni siquiera pueda caminar (esto no se lo dije). Así que trabajó en las plantas y —oh, milagro— los dolores desaparecieron. Ojalá también pudiera masajearme y manipularme el cerebro: necesito escribir sin tantas dificultades, con más fluidez, con ganas. Estoy con la última reescritura de las conferencias para Nueva York y detesto cada minuto.

La falsa primavera de marzo resultó realmente falsa. Sopla un viento frío, el cielo está gris, de noche hiela. Llueve un poco y a veces durante un rato se convierte en aguanieve. La semana pasada la temperatura del estanque bajó unos grados, así que nado menos —no porque la sienta particularmente gélida, sino solo porque me parece acorde con este tiempo inhóspito—. Es como si hubiéramos retrocedido unos meses. Después de nadar se me quedan los pies helados; me apuro a ponerme los vaqueros para poder calzarme otra vez los calcetines. No me molesta el frío, sino esta sensación de incongruencia temporal, el descalabro en la naturaleza.

Sábado 12 de abril, 8,5ºC

Volvió la primavera, pero tenue, vacilante, demacrada, como si tuviera resaca. ¿O será solo eso que Anne llama proyección, ya que anoche celebramos los setenta de Torquil de una forma bastante torquiliana? El agua sigue muy fría pero el viento amainó un poco, brilla un sol insípido y en los árboles empiezan a crecer hojas nuevas.

Domingo 13 de abril, ¿9/10ºC?

Hoy, al fin, le dimos el último adiós a Rudolph Strauss: abrieron especialmente el estanque mixto para inaugurar el banco conmemorativo. Sus parientes —la viuda, los hijos y los nietos— trajeron bebidas y bandejas con sándwiches; Piers ofreció un discurso muy cariñoso; Chris interpretó *Last Post* con la corneta; Dave, en uniforme escocés de gala, tocó la gaita; y el grupo de los *habitués* brindamos por su memoria. Piers y yo incluso nos dimos un chapuzón furtivo antes de la ceremonia (el agua estaba perfecta). Brillaba el sol, los árboles salpicados todos de un verde muy leve. Bonita manera de irse, y bonita manera de ser recordado.

Jueves 17 de abril, 13ºC

Tres días con un resfriado tipo gripe: cero natación, pesimismo absoluto y, por si eso fuera poco, una ola de calor anormal. Estar enfermo me saca de quicio, y doy por hecho que todo se debe a que me venía jactando de mi resistencia al frío, de que hacía como tres años que no caía en cama. Así que brilla el sol y yo me quedo en casa, batallando para reescribir estas conferencias que ya me aburren mortalmente. Por la ventana veo cómo el espino gana verdor minuto a minuto, cómo se hinchan cada vez más las ramas delgadas de los tilos. La enfermedad me marea un poco, pero también estoy frustrado, insatisfecho, quejicoso —en resumen: como loco por volver al estanque—. Así que esta mañana fui a nadar igual. Un día excelente, como para andar en vaqueros y camiseta; de todas formas, me puse una chaqueta, por las dudas, y me sentí idiota.

—Has estado pachucho, así que mejor ve solamente hasta el salvavidas de los veinticinco metros y vuelve —me dijo Terry. Pero el agua estaba hermosa, así que nadé un poco más y me sentí genial (más o menos).

Viernes 18 de abril, 13ºC

El haya roja parece haber echado hojas durante la noche, y las otras hayas no se quedan atrás. El espino que hay junto a la ventana de nuestra habitación está completamente verde y nos resguarda de las ventanas siempre iluminadas de los vecinos de enfrente; los tilos delante de mi estudio empiezan a bloquear la vista de Londres. Efectivamente llegó la primavera. Nado más que antes y me sienta muy bien.

Domingo 20 de abril, 13ºC

La ola de calor terminó de golpe el viernes por la noche. Cielos grises y un viento helado el sábado, todo el mundo abrigado otra vez con ropa de invierno. Hoy me levanté temprano y fui directo al ordenador a terminar la reescritura de la segunda de las dichosas conferencias para Nueva York. No es lo que me gustaría estar escribiendo; detesto cada segundo. Así que trabajé un par de horas y me sentí muy virtuoso. Después fui a despejarme la cabeza al estanque de Highgate. El cielo sigue plomizo pero el aire está más templado. Nadé casi hasta la otra punta, como si estuviéramos en pleno verano, y volví restablecido.

Lunes de Pascua, 21 de abril, 13°C

Parece que hoy todo el mundo decidió dormir hasta tarde: aceras desiertas, poquísimos coches. Yo también estaba medio aturdido, tratando de reponerme de lo de ayer. Como de costumbre, el agua helada me despertó, me suavizó las arrugas, me aclaró la cabeza. Después me senté bajo un sol tenue y conversé con dos de los *habitués.* Uno de ellos es un joven flaco y rubio que la semana pasada corrió la maratón de Londres en tres horas —un chico con el aspecto seco y extenuado de los que entrenan sin parar—; lo conozco de cara, pero no sé cómo se llama. El otro era Chris, un tipo alto y demacrado, otro friki del deporte —estudió en Ampleforth con Joe Simpson, el escalador, y tiene un cuzco dulce y tembloroso que lo acompaña adonde vaya—. Chris nada todo el año; muchas veces coincidimos en el estanque. Hace un tiempo lo echaron del trabajo y en las últimas semanas solo habla de eso —sobre todo con otros nadadores que son empresarios—. Está muy serio y deprimido, aunque no tiene dudas de que va a conseguir un trabajo nuevo sin mayores problemas. A cuento de Simpson charlamos sobre montañismo —él hizo un poco, aunque no durante mucho tiempo—, y eso parece levantarle el ánimo. A mí también, así que renqueo hasta el coche casi a paso ligero.

Jueves 24 de abril, 13°C

Me fui unos días a Norfolk: quería cambiar un poco de paisaje y hacerle unos kilómetros al coche. Hoy cuando me desperté sentí que tenía mil años, pero después la natación se llevó los achaques. No falla nunca.

Sábado 26 de abril, 13ºC

Ayer llovió por primera vez en muchísimo tiempo. Y esta mañana, cuando salí, la lluvia seguía en el aire, las calles estaban húmedas y el aire, frío. Pensé: qué bueno, empieza el otoño. Lo que significa, imagino, que quiero el estanque para mí solo, y que el agua se mantenga gélida. En resumen: que me gustaría saltarme el verano. ¡Qué raro! Supongo que tendrá que ver con la vejez, pero también con la necesidad de recibir ese chute de adrenalina que produce el agua helada —ahora que ya no me quedan otras fuentes de adrenalina—. Mientras tanto, nado hasta la otra punta, y uso tan concienzudamente las piernas como los brazos; Iga me explicó que la natación las ejercita igual que la bicicleta estática, que tan monótona me resulta.

Martes 29 de abril, 13,5ºC

El domingo apuntaron medio grado más en la pizarra, aunque una vez que el termómetro empieza a subir es difícil notar la diferencia. Es como cuenta Joe Brown sobre el nuevo ascenso que hizo en Gogarth: «Para escalar este peñasco hay solo dos clases de ruta: difícil y dificilísima. Esta es dificilísima». En el estanque pasa lo mismo. Por debajo de los diez grados el agua está fría; debajo de los cinco está fría como el demonio; por encima de los diez está fresca; superados los quince está entre tibia y caliente.

El domingo fue un día frío, gris y lluvioso; hoy volvió una primavera inglesa de manual: ventosa, radiante, con bancos de nubes espesas y arrebatos de sol, frío un instante y templado el siguiente, flores por todas partes —en los árboles, en el agua: el viento sacude breves remolinos florales que encallan en los recodos—. Bandadas de palomas veloces sobrevuelan el estanque seguidas por el viento. Los patos liberan cascadas de luz al sacudir las plumas. Volvió el cormorán solitario: pesca muy concentrado. Todos en los vestuarios están felices y locuaces, dichosos de estar vivos.

Jueves 1 de mayo, 13,5°C

Las calles relucen por la lluvia de anoche, el sol va y viene, el aire está frío. Todo en flor, los espinos parecen tartas de cumpleaños (aunque la humedad en el ambiente amortigua el perfume), hay hojas nuevas en todos los árboles, olor dulzón a césped recién cortado. El sábado reabren el estanque mixto, así que salvo que el tobillo empeore de golpe, esta podría ser mi última visita a Highgate hasta septiembre. Nado hacia la otra punta, como siempre, y al volver de espaldas contemplo el cielo —los aviones que ascienden desde Heathrow, los pájaros que derrapan como patinadores zarandeados por el viento—. Ya lo dijo el poeta: «Brotó la primavera, se alzó la hierba».

Sábado 3 de mayo, 12°C

Sí, me había despedido de Highgate, pero huelga decir que volví casi de inmediato: Anne quería comprar cosas en Cavour, la antigua ferretería sita en West Hill, y además tenía ganas de caminar, así que ahí estaba yo otra vez. Un día agradable y ventoso. El aire un poco frío, pero el agua no; la pizarra vacía, sin temperatura.

—Andará cerca de los quince —le dije a Danny. Entonces hundió el termómetro digital nuevo.

—Te has aclimatado —me dijo—. Está en doce, y eso es apenas en la superficie.

Qué raro cómo se va modificando el cuerpo, y no solo en el modo en que reacciona al frío. Creo que si fuera a escalar a Harrison ni siquiera sería capaz de levantar los pies del suelo, y camino con dificultad; sin embargo, cada día nado más metros y lo hago más rápido. Fumo mucho menos que antes, y eso desde luego ayuda, pero supongo que mis músculos cambiaron —literalmente: cambiaron de forma, se estiraron, ya no están todos apelotonados como si fuera un leñador—. Así que tal vez sí esté en buen estado, por llamarlo de alguna manera. Desde luego que eso no me hace sentir menos decrépito.

Domingo 4 de mayo, 12°C

Por fin al estanque mixto. Y en un día radiante: flores de mayo por todas partes y el cielo sin una nube. Lo que más me fascina de este lugar es la exuberancia, las capas superpuestas de árboles que se vuelcan sobre el agua, las infinitas modulaciones del verde, desde el más oscuro hasta el gris perla, todo agitado por el viento. A causa de los árboles y de las flores que caen, el estanque no es tan limpio como el de Highgate, pero la belleza del lugar es más intensa y también más íntima. Aunque el sendero está repleto de gente —salieron a disfrutar de esta mañana de domingo increíble—, cuando uno está nadando queda lo suficientemente lejos y no se ve; una vez que te metes, los árboles aíslan el estanque y lo transforman en un reducto de belleza, un fragmento de naturaleza salvaje en pleno corazón de Londres. La placa en el banco conmemorativo dice que para Rudolph este lugar era el paraíso. Y tenía razón. Estoy contento de haber vuelto.

Martes 6 de mayo, 12°C

Otro día deslumbrante y sin nubes. La luz, como si fuera un reflector, acentúa cada detalle y hace que las hojas nuevas brillen. El agua está increíble, fresca, sanadora. Pero en todo paraíso hay una serpiente. Anoche, en el Festival de Brighton, Alfred Brendel y yo leímos poemas y hablamos sobre música y literatura, moderados por Tony Holden. Fue un verdadero placer; entre el público había incluso algunos escaladores de Harrison. La charla no podría haber salido mejor, pero nos acostamos muy tarde y nos levantamos temprano (Anne tenía un paciente a las 8:45), así que cuando salí para el estanque me sentía viejo y maltrecho. No encontré sitio para aparcar en Well Walk; dejé el coche bastante más arriba (en Well Road), y para llegar tuve que dar un rodeo porque un árbol caído bloqueaba el sendero. El tobillo cedió varias veces en el trayecto de vuelta, y para cuando entré a casa me sentía tan estropeado como antes de salir, a pesar de la asistencia del estanque. Recuperarme me llevó todo el día.

Jueves 8 de mayo, 14 °C

El espino frente a la ventana de nuestra habitación es un globo de un blanco cremoso, pero el aire todavía no se entibió lo suficiente como para que nos llegue el perfume; el agua en el estanque, sin embargo, está cada día más templada. La calle es un caos, plena hora punta de madres y atascos. Aparco al final de Willow Road; la caminata hasta el estanque es fácil, apenas diez minutos, pero llego apretando los dientes. Como dijo Sylvia: «He caído tanto». Aunque el agua está turbia por las flores que se van desprendiendo, la natación, como de costumbre, me resulta muy placentera —no tanto, de todas formas, como para aliviarme el dolor en el tobillo, y una vez en casa, después de desayunar, lo único que quiero es dormir—. No es manera de empezar un día de trabajo. Extraño la descarga de adrenalina del agua helada, esa sacudida que me devuelve a la vida, pero para eso faltan seis meses.

Sábado 10 de mayo, 14ºC

Cuando me subía al coche para ir al estanque pasaron David Storey (el escritor) y su señora. Es un tipo alto, corpulento; fue jugador profesional de rugby antes de entrar en Bellas Artes, y después cambió la pintura por la literatura. A pesar del rugby, es afable y tiene una voz muy delicada. Me gusta mucho su humor melancólico. De hecho, me cae muy bien, y creo que yo a él también. Últimamente nos vemos solo al cruzarnos por la calle, aunque vive cerca (aquí a la vuelta, por Gardnor Road). Pero para nuestra amistad distante ese dato es demasiado invasivo, y no lo mencionamos nunca, no sea que alguno se sienta forzado a invitar al otro. Todo muy inglés. Hoy charlamos un segundo, más que nada sobre las humillaciones de la vejez —el tema de siempre—. Y lo cierto es que por primera vez lo vi como a un viejo. No por la panza y las canas —que tiene desde hace años y sobrelleva muy bien con esa complexión tan robusta—, sino por cierto temblor difuso que lo rodeaba, una vibración en el aire, un halo tenue de vacilación —no mental: física—, como si no estuviera completamente centrado. Es lo que sucede «cuando empiezan a separarse cuerpo y alma», que es supongo lo que me está pasando a mí. Así que conduje hasta el aparcamiento, llegué renqueando al estanque y nadé casi hasta la soga —emprendí la vuelta unos diez metros antes—, como para demostrarme que todavía funciono, más o menos.

Domingo 11 de mayo, 14ºC

Hoy nadé un par de metros más, prácticamente hasta la barrera, y al girar para volver de espaldas, muy lentamente, el aire se llenó del perfume denso de las flores de mayo. Todos los espinos que rodean el estanque están cargados de flores blancas, y uno en particular parece a punto de colapsar bajo su propio peso —una pendiente blanca hacia el agua, como una pista para saltos de esquí—. Después de dejar el coche me torcí el tobillo, así que la caminata no fue para nada divertida. Me odié a cada paso, pero me di un chapuzón y me quité una década de encima. Se ve que así es el tiempo de descuento: una batalla —literalmente a muerte— entre el cuerpo y la voluntad. Por mí, está bien, pero me gustaría no terminar siempre tan agotado.

Martes 13 de mayo, 14°C

El pronóstico es malo pero la mañana está hermosa: nubes veloces y un sol que parece un reflector: atraviesa las hojas como si fueran transparentes —tiñe las sombras de verde, igual que en el jardín de Marvell—. Pero durante la noche cambió el viento y el aire está gélido, invernal. Tiemblo cuando me quito la ropa y tiemblo mientras me la vuelvo a poner. El frío mantiene alejados a los nadadores ocasionales: dos *habitués* se habían metido antes que yo, y al salir llegaba Win, de noventa y dos años, pero tuve el estanque para mí solo.

Jueves 15 de mayo, 13,5°C

Las calles son todas en cuesta, no hay dónde estacionar, el sendero hacia el estanque está bloqueado por un árbol caído, y de todos modos tengo que llevar el coche a lavar. Esas fueron mis excusas. Pero la verdad es que toda la semana me sentí en las últimas —exhausto, sin una pizca de energía, ni una letra que escribir, ni un atisbo de interés por nada—. Solo tuve ganas de dormir, y tampoco en ese aspecto me ha ido muy allá. Esta mañana quería nadar, pero no estaba en condiciones de afrontar la caminata, así que conduje hasta el estanque de hombres, donde puedo dejar el coche a cincuenta metros de la entrada. Un día hermoso, sol radiante, sombras profundas, todo recién florecido, el agua más limpia y un poquito más fresca que en el estanque mixto. Y la distancia hasta la otra punta es más corta. Volví despacio, de espaldas, contemplando un cielo lleno de golondrinas, que subían y bajaban en parejas sobre mi cabeza.

—Sabe Dios por qué llegaron antes las golondrinas que los vencejos —dijo Terry.

Me sequé al sol, sin prisa, y charlé un rato con Chris y con Ken, un tipo bajito con un talento notable para las imitaciones: nos hizo reír mucho parodiando las voces de una familia de mafiosos con acento *cockney*, todos dementes y violentos. Comí un sándwich de bacon en el Café Mozart mientras me lavaban el coche y volví a casa con la certeza de que tal vez sobreviva una semana más.

Domingo 18 de mayo, 13,5°C

Yo había llevado el coche a lavar y Anne había regado el jardín, así que obviamente el tiempo empeoró y desde ese momento llueve a cada rato. Ayer en el estanque mixto parecía invierno, y sentí un frío que no siento ni siquiera en febrero. No porque el agua estuviera helada, ni siquiera el viento; fue más bien lo inesperado del asunto, como si una bestia durmiente se hubiera agitado con un gruñido. Esta mañana, bien temprano, pasó Terry con un asistente a buscar la cinta para caminar (una donación que quiero hacer a los estanques) y nos advirtió que la zona sur del Heath estaba atestada de gente por una carrera benéfica, así que nos fuimos a Highgate. Un día radiante; agua perfecta y un cielo lleno de actividad: sol intenso, nubes de un violeta profundo, cúmulos de vencejos y de golondrinas girando y lanzándose en picado. Anne caminó y yo nadé; volvimos al coche justo cuando arrancaba a llover. Lo que yo llamo una sincronización perfecta.

Martes 20 de mayo, 13,5ºC

Verano y un tiempo espantoso. Apenas salí de casa me golpeó el viento helado, y cuando aparqué, al final de Well Walk, ya estaba empezando a lloviznar. El sendero hacia el estanque era todo barro y charcos, pero al menos Terry, bendito sea, cortó el árbol caído, así que no tuve que desviarme. El agua estaba sucia y espumosa, llena de hojas muertas. Cuando me metí, dos gansos canadienses bastante irascibles rondaban en aquel potaje, pero por lo visto mi compañía les resultó tan poco atractiva como a mí la suya, y al llegar al salvavidas más lejano vi que ya iban por el sendero —caminaban juntos, pero ignorándose mutuamente, como algunos matrimonios mal avenidos—. Mientras volvía hacia el muelle, nadando de espaldas, empezó a llover más fuerte: sentí los pinchazos en la cara. Me tomé un rato para secarme y cambiarme; charlé con Steve sobre montañismo en lo que caía el chaparrón; y volví al coche cuando la lluvia ya se había convertido en llovizna.

Jueves 22 de mayo, ¿14,5ºC?

Estaba equivocado con respecto a las tres hayas en el estanque de hombres: dos son hayas rojas, y ahora se han llenado de flores radiantes. Y, por alguna razón que no entiendo del todo, eso parece importarme. Las flores no me interesan mucho —en un buen día apenas si logro diferenciar una margarita de una rosa—, pero los árboles me encienden. Mientras tanto, el agua en el estanque de hombres ha ido adquiriendo un olor vegetal muy extraño. Tal vez tenga que ver con las bolsas de heno que pusieron en el perímetro para evitar las algas, pero a medida que el agua se va entibiando el hedor es cada vez más intenso, y no me gusta mucho. Aun así, nadé un rato largo. Fui en diagonal hasta la otra punta, después giré y volví todo derecho, o eso creía, aunque en realidad nadaba en diagonal, así que cuando me di la vuelta para ver por dónde andaba me descubrí casi en la orilla opuesta; terminé describiendo un triángulo enorme. Da igual: el agua estaba tibia y necesitaba el ejercicio. E incluso me hizo pensar que tal vez no esté tan arruinado como creo, aunque es sumamente improbable.

Sábado 24, domingo 25 de mayo, 14°C

El estanque de hombres despide un olor vegetal; el mixto parece sopa de verduras. Ayer la capa de mugre se extendía unos veinte metros a partir del muelle, pero durante la noche el viento cambió y, ahora, esa zona bajo la plataforma está limpia y la sopa se replegó hasta el sendero. Es ligeramente aceitosa y tiene un tinte azulino, irisado. Esos aceites, dice Danny, son producto de las flores en descomposición, así que puede que resulten buenos para la piel. Los muchachos tendrían que embotellar el caldo, etiquetarlo y vendérselo a los nadadores de verano.

Esta mañana, cuando llegué, estaba el marido de Win esperando a que ella terminara de secarse.

—No —me dijo el anciano—, yo no nado. Probé cuando era joven pero nunca me gustó. Prefiero el ciclismo.

—¿Y Win?

—Dos veces al día, por la mañana y por la tarde. Yo la acompaño y ya está. En bicicleta, por supuesto.

Lunes 26 de mayo, 14,5°C

Por primera vez este año, al salir al muelle sentí que el sol calentaba con fuerza. Al fin está llegando el verano. Ya era hora. La sopa de verduras desapareció: fue reemplazada por un velo de esas semillitas —sean lo que sean— que bajan flotando en miniparacaídas grises. La nube de libélulas diminutas es cada vez más densa: se mueven horizontalmente y a gran velocidad, como disparadas por escopetas invisibles. Mi último chapuzón en una semana: mañana salimos para Italia. Y aunque lo vamos a pasar muy bien, voy a echar de menos el estanque.

Lunes 2 de junio, 19ºC

El tiempo cambió mientras estuvimos fuera: una ola de calor repentina, casi treinta grados, tormentas eléctricas, y ayer, en el camino de vuelta desde Gatwick, un diluvio tropical. Como suele pasar después de los viajes, el tobillo me empezó a molestar, así que tuve que ir al estanque de hombres. Ahora el agua está tibia, sin atisbos de frescura y, aunque parece más limpia que la del mixto, el olor a heno podrido es muy fuerte. Me di una ducha bastante larga para sacármelo de encima —y además porque el agua salía fresca y agradable—. Creo que le he perdido el gusto al verano.

Miércoles 4 de junio, 19,5ºC

Me torcí el tobillo apenas puse un pie en el Heath y, a partir de ese momento, el desgraciado me robó toda la atención. Fui mirando cada paso con tanto celo que casi no levanté la vista para apreciar la enorme extensión de Londres —la cúpula de San Pablo acurrucada entre los rascacielos, y detrás, más allá, las colinas de Surrey—, uno de los grandes placeres de venir a nadar en las mañanas de verano. Pero era un día lúgubre, con esbozos de lluvia, así que quizá no había tanto para ver. Los patos y las gallaretas habían sacado a desfilar a sus pichones por el agua tibia; se peleaban con vehemencia. Dos patos machos graznaban escandalosamente mientras perseguían a una pata. La quieren separar de sus crías, dijo Terry, para poder montarla otra vez. Es algo con lo que me puedo identificar. Una gallareta y su única cría se apropiaron del sector del estanque en el que me cambio, frente al banco. Cada vez que un pato se pone a tiro, la madre se le abalanza salvajemente para espantarlo. Las gallaretas parecen muy calmas y reservadas —con esas plumas negras y brillantes, y el blasón blanco tan distinguido sobre la frente—, pero son criaturas hostiles. ¿O será solo la maternidad lo que las pone así de agresivas? Mientras vuelvo hacia el muelle empieza a llover fuerte. Me visto rápido y renqueo hasta el coche, con la cabeza gacha, cuidando cada paso, contento por haber tenido el buen tino de traer una chaqueta y una gorrita de béisbol para cubrirme la calva. Esta vez no hay nadie, pero siempre que llego al claro sobre la loma me acuerdo del día en que me crucé con David (¿fue el año pasado?): venía caminando hacia mí, y cuando nos encontramos pude percibir su rapto inesperado de consternación. Fue ahí cuando me di cuenta de lo mucho que me había deteriorado. Su amigo, alguna vez un tipo atlético, convertido en un anciano cojo. Sé que su consternación fue sincera, pero yo no logré ver más que *schadenfreude,* y me sentí humillado. Un año más tarde, esa humillación es un estado permanente, un rasgo de la vejez con el que tengo que convivir, incluso cuando no hay nadie más. Casi saliendo del Heath, dos mujeres de mediana edad pasean a sus perros y hablan a gritos. Ni me ven, gracias a Dios. Como de costumbre, la natación me aplacó los dolores matutinos, pero, una vez en Flask Walk, me tengo que sentar un rato en el coche esperando a que cesen las puntadas en el tobillo. Pésimo. La autocompasión también es una forma de humillación.

Sábado 7 de junio, 20ºC

Ayer por la mañana fui al estanque a eso de las siete y media, un par de horas antes de lo habitual, y el lugar estaba casi repleto. Es la pandilla pre-oficina: hombres y mujeres que van a darse un chapuzón rápido antes de ir a trabajar; un padre con dos niños en el cochecito camino a la guardería; una madre en la escalera, medio cuerpo dentro del agua, charlando larga y amorosamente con un chico en uniforme escolar. Terry los cuida mientras sus padres nadan, y es obvio que le encanta. Ese hombre medio tosco —con tatuajes militares, una panza enorme y voz estridente— los alegra y los hace reír apenas los ve un poco alicaídos, como si fuera una niñera cariñosa. El mundo está lleno de sorpresas.

Hoy a las nueve y media el lugar está mucho más tranquilo: apenas dos o tres nadadores y, sorprendentemente, muy pocas aves; una única gallareta con su cría, y el *ménage à trois* de patos (de sus pichones, ni rastro). También hay un gato gris bastante viejo que apareció hace unos días, perdido y muerto de hambre, y que los socorristas adoptaron. Tiene problemas para mover las patas traseras y ve muy poco. Como dicen los estadounidenses: me genera empatía. Ahora que el agua está tibia, lo que más me importa es cómo me funcionan las piernas y si voy a torcerme el tobillo en el camino hacia el estanque. Una vez que me meto al agua, no es más que un poco de natación: agradable, fresca, reconfortante. El agua fría es un tema aparte: sus efectos y las sensaciones que genera. Pero una vez que se entibia, lo que importa es el estanque: la belleza y la privacidad de este lugar agreste en mitad de Londres. Una especie de regalo inesperado e inmerecido que me acompaña desde hace sesenta y tres años. Lo que me pregunto ahora es cuánto tiempo más lo voy a poder disfrutar antes de que este tobillo insufrible me impida llegar hasta aquí. Así que lo que empezó como un diario sobre natación se está convirtiendo en una crónica sobre el trance de envejecer.

Viernes 13 de junio, 20ºC

Las últimas dos o tres visitas fueron pura rutina, así que ni me molesté en escribir al respecto, pero hoy no podría haber sido un día más memorable: aire tibio y un cielo perfecto. Anne se fue a Florencia a dar una charla, así que salí con ella a las siete y media y me tocó el grupo de la primera hora: madres con chicos camino al colegio, señoras adustas de cierta edad haciendo ejercicio muy circunspectas. El agua está limpia y hermosa, ya sin flores ni polen; los árboles, tupidos, de un verde brillante. En días así el estanque mixto es el lugar más bonito de Londres, y el más recóndito.

«Qué bendición tener esto casi en la puerta de casa», le dije a Rudolph un día antes de que se muriera al salir del agua. Pero Sylvia [Plath] lo dijo mejor:

«Un regalo, un regalo de amor, | jamás pedido».

Los socorristas adoptaron un petirrojo. O él los adoptó a ellos. Se acerca, inclina la cabeza, te mide con dos ojos negros y brillantes como cabezas de alfiler y espera a que le des de comer. Picotea migas de la mano de los socorristas; dos tipos recios completamente enamorados de ese animalito. Creo que también están enamorados de la belleza de este lugar, y no pueden creer la suerte que tienen de trabajar aquí.

Domingo 22 de junio, 22ºC

Nado, como de costumbre, cuatro o cinco veces por semana. El estanque está tranquilo y hermoso, el agua muy tibia, el ejercicio me hace bien. Pero no es más que natación. No va a frenar el deterioro, quizás solo lo demore un poco; ahora la única cuestión es si el dolor en el tobillo es tolerable o no como para encarar la caminata desde Well Walk hasta el estanque; si no lo es, entonces conduzco hasta el estanque de hombres y nado unos metros más. Es como ir a la piscina de Barga: una forma fácil y efectiva de suavizar los dolores cotidianos. Pero la natación solo se convierte en un tema digno de registro cuando la temperatura baja y el asunto pasa a ser un desafío. E incluso eso es una exageración: no es un desafío, sino apenas un reto menor, un tentempié para apaciguar a la bestia, no para satisfacerla. Todo muy infantil, pero ya es demasiado tarde para madurar.

Martes 1 de julio, 20,5°C

Diez días muy largos y repletos de calamidades. A Cindy le diagnosticaron cáncer, y su sensación de desastre es tan tremenda (la maldición de la casa Blake) que el veredicto de los médicos —una mastectomía doble— le parece una buena noticia. Después llamó Mac para contarnos que su hijo Simon trató de ahorcarse. Y a Kate le rompió el corazón otro imbécil. Mientras tanto, yo anduve hecho un manojo de nervios por tener que dar la conferencia en Oundle —o más bien por lo inverosímil de semejante petición—. Pero la charla salió bien, y al día siguiente me fui con Torquil en su Leopard Moth a recorrer aeródromos durante tres días. Tres días de parranda con los muchachos como para recordar todo lo que me había estado perdiendo. Esta mañana, el estanque de hombres estaba vacío y silencioso, salvo por una pata blanca como un cisne que parecía estar haciendo lo que hacen siempre las rubias: enloquecer a los otros patos. El agua estaba limpia y hermosa, así que me tomé mi tiempo, y disfruté cada segundo. Al salir me di cuenta de que no hace tanto el agua tenía veinte grados menos que ahora. Cómo vuela el tiempo, incluso cuando no te estás divirtiendo demasiado.

Martes 8 de julio, 21°C

La natación sigue siendo agradable y refrescante, pero este año tenemos un verano de verdad, así que después de las once el estanque ya está repleto. Madrugar —sin embargo— no me resulta un problema, excepto esos fines de semana en los que Anne decide que me va a acompañar, pero empieza a dar mil vueltas hasta que yo me quedo al borde del estallido. Pero desde luego ya no exploto —es uno de esos fuegos que tengo gratamente extintos—, y además hace cuarenta años que nos tratamos con suma delicadeza, respetando una amabilidad mutua, intentando preservar la ternura —y jamás a fuerza de hipocresía, sino de amor, conscientes de la suerte que supone habernos encontrado—. Así que el domingo fuimos al estanque mixto, me separé de Anne en el muelle, entré en el agua y me olvidé de ella. Pero cuando estaba volviendo, de espaldas como siempre, choqué sin darme cuenta contra un salvavidas, y ahí estaba ella, con esa sonrisa radiante: cuarenta años juntos y el corazón todavía se me acelera de felicidad al verla.

Caminar me cuesta cada vez más; el tobillo sigue muy inestable. Basta con una ligera protuberancia o una depresión en el suelo para que se me doble sin aviso, y a partir de ahí tengo que avanzar cuidando cada paso, como si el terreno llano que hay más allá de los Pryors, con esa vista exquisita de Londres, fuera una ladera vertical en una montaña de Gales. Esta mañana me tropecé dos veces y me torcí el tobillo tan brutalmente que pensé que no iba a poder volver hasta el coche. Así que empiezo el día exhausto.

Martes 15 de julio, 23°C+

Estamos teniendo uno de esos veranos milagrosos: un día despejado tras otro, el termómetro siempre cerca de los treinta grados; el tipo de clima por el que pagamos una buena suma en el extranjero. La gente sale en pantalón corto y camiseta, un poco perpleja ante este tiempo tan benévolo. A mí no me gusta mucho. El agua no me refresca, la ducha sale tibia y a las diez de la mañana el estanque ya está atestado. Prefiero el frío y la soledad, lo que, supongo, es signo de vejez. De todos modos, me encanta mirar cómo se sacuden los árboles bajo el viento suave, las hojas completamente plateadas, los vencejos y las golondrinas trazando arabescos en lo alto, en el cielo pálido. Sé que están buscando comida, pero da la impresión de que volaran por puro placer, como si bailaran.

Domingo 27 de julio, 20ºC

Gracias a Dios la ola de calor ya pasó, aunque nos espera una mucho peor en Italia, adonde nos vamos la semana que viene. Me dice Adam que es de lo más terrible que han tenido por allá: calor implacable y nada de lluvia. La idea me intimida. Savannah se ha estado quedando en casa, así que hablo a menudo con Adam. Es un padre sobreprotector, bastante estricto. Llegado un punto, teniendo en cuenta lo difícil que fue de adolescente, me resulta irónico, aunque también me genera una satisfacción un poco oscura. Es una buena persona, y le está costando ganarse la vida. A mí también, en estos últimos tiempos, aunque me gustaría poder ayudarlo económicamente. Nado unas cinco veces por semana y el agua, por suerte, está algo más fría. No como me gusta a mí, claro, pero sí lo suficiente como para mantener a raya a las multitudes: para eso basta con una mínima capa de nubes y con que la temperatura del agua caiga por debajo de los veinte grados. Parece que este verano mi vieja amiga la garza desertó del estanque mixto, pero el otro día la vi en el de hombres y quise pasar a saludarla. Aquí, los gaviotines, siempre tan gráciles, son un placer: vuelan sin esfuerzo, con elegancia, y de pronto colapsan contra el agua y se desarman para atrapar un pez. Esta mañana había un halcón dando unas vueltas enormes entre las corrientes térmicas, muy arriba, a unos trescientos metros o más. Lo contemplé hipnotizado mientras volvía de espaldas hacia el muelle.

Domingo 17 de agosto. Paradiso

Un verano con olas de calor; un anticipo, supongo, del cambio climático que se viene. Solo espero no estar vivo para verlo. En Inglaterra la temperatura llegó a la cifra inédita de treinta y siete grados; el metro está unos cinco grados por encima del límite legal para el transporte de ganado; en Francia hubo cinco mil muertos por culpa del calor; en Italia hay comunicados oficiales en los que piden no salir a la calle. Incluso en Paradiso, en medio de las montañas, la temperatura superó los treinta y dos grados durante las dos semanas que llevamos aquí, y la brisa nocturna, si es que aparece, sopla directamente desde el Sáhara. Anne, que estaba agotada ya antes de que saliéramos de viaje, tuvo una crisis de asma apenas llegamos: mortalmente pálida, con tos constante y casi incapaz de respirar. Llamó al especialista de Londres: le dijo que fuera de inmediato al médico local, que le recetó pastillas, inyecciones y *riposo, soprattutto riposo.* Un tratamiento que no le resulta nada fácil, aunque se sentía tan débil que se asustó casi más que yo, así que se portó bien. Cuatro días de calma y ya está mejor, o al menos no tan frágil como antes; igualmente la cosa no durará demasiado. El jueves llegan unos amigos —los invitamos dos noches, se van a quedar cinco—. Y antes de que se vayan vienen Kate y Nicola; después a N la va a reemplazar Danny C. Y así sucesivamente. Ese flujo infinito de huéspedes es el estado permanente de nuestros veranos, más allá de la firmeza con que nos propongamos no invitar a nadie. Y en cada ocasión Anne cocina a lo grande, está pendiente del bienestar de todos y mantiene la conversación siempre encendida. No hay muchas oportunidades para el *riposo* ni, si vamos al caso, para estar juntos sin que se nos moleste.

Mientras tanto, Adam está internado en Florencia con una afección súbita y misteriosa en el hígado que no lo deja ni moverse. ¿Cáncer, hepatitis, cirrosis? Por lo visto ninguna de esas opciones, y hasta puede que tenga que ver con los barnices que inhala por su trabajo. No sabremos hasta que terminen de hacerle los análisis. Fuimos a visitarlo. Parecía un muerto en vida: esquelético, verdoso y agotado. Y, además, por supuesto, sin un centavo; y va a estar mucho peor si no puede volver a trabajar por culpa del barniz. Cuando llamó a la simpática de su madre para contárselo, el único comentario que recibió fue: «¡Así aprenderás!». Un verano repleto de pesadillas.

Nadamos casi todos los días en la piscina de Barga. El agua está a temperatura corporal y te deja un olor espantoso a cloro, pero es una forma de hacer algo de ejercicio, al menos. Siempre y cuando, desde luego, vayamos cuando abre, a eso de las diez. A las once llegan las familias y la piscina se colma de escoceses gordos y ruidosos que parecen hinchas de la selección de fútbol. Hacia el mediodía empieza la música y eso espanta incluso a las golondrinas y los vencejos. La semana pasada, sin embargo, Damasco y Diomira nos llevaron a nadar a una poza natural en el Turrite di Gallicano, el riachuelo que baja desde Fornovolasco. El piletón no tenía más de diez por diez, y para llegar a la orilla, donde hay un pequeño dique, tuve que bajar una cuesta hecha de cantos rodados, pero el agua era tan pura y transparente que parecía de cristal, y además estaba fresca, puede que a unos diecisiete grados, una bendición teniendo en cuenta el calor que hace (demasiado fría igualmente para D y D). Creo que me habría quedado allí para siempre.

Viernes 5 de septiembre, 16,5ºC

Durante nuestros últimos días en Italia —nos fuimos el 1 de septiembre— el calor aflojó un poco, el aire se aligeró, la luz fue más intensa y el viento nocturno sopló fresco. En el camino de vuelta por el norte de Italia y Francia, encapsulados con el aire acondicionado del coche, los días se mantuvieron luminosos y agradables, pero Londres estaba húmedo, pastoso, agobiante de calor. Esta mañana fui a Highgate, dejé el coche en lo de los kosovares para que le sacaran la mugre del viaje y nadé en el estanque de hombres. Hasta las hayas rojas parecían mustias, plomizas y agotadas, pero el agua estaba preciosa. Un primer y efímero *shock* de frío, y después la dulce redención. Se ve que todos esos metros tan tediosos que nadé en la piscina de Barga sirvieron para algo, porque cuando llegué a la barrera externa todavía me sentía con fuerzas. Aunque el trayecto al lavadero de coches, tanto de ida como de vuelta, lo hice renqueando como un viejo lisiado.

Domingo 7 de septiembre, 16,5ºC

Ayer estuve en el estanque mixto con los sospechosos habituales: Alan, Ken y un abogado muy inteligente amigo suyo especializado en propiedad intelectual. También estaba uno de los socorristas suplentes, un chico joven que acaba de vender su primer guion de cine y está usando el dinero para mudarse al lago de Garda, donde piensa seguir escribiendo. En otras palabras, una típica mezcla estilo Hampstead: extravagante, locuaz; una versión afable —y al aire libre— del club de los opinadores profesionales. Un placer. Hoy se habla de este tipo de charla con cierto desprecio; se la critica por frívola, ligeramente obtusa, sin conexión con la gente pragmática que toma decisiones difíciles en el mundo real —un poco como U cuando afirmaba que el lenguaje era un complot, una invención de los judíos para dominar a esa misma gente—. Pero no es así para nada: intercambiar ideas, hacer chistes y jugar con las palabras son placeres inocentes y refinados, y que Dios nos asista si perdemos todo eso.

Hoy, domingo, llegué temprano y no había ni un conocido, más allá del socorrista que se va mañana a Italia a empezar una nueva vida. Era un día gris, el aire más fresco que ayer. No me quedé mucho. Una pareja joven con un bebé nadaron fugazmente, quejándose en voz alta del frío. Él era alto, flaco y rubio, con una boca repleta de dientes brillantes. Ella era menuda, morena y linda; estaba vestida como para un velatorio hippie: blusa negra sin forma, una enagua blanca con bordados por debajo de una falda negra y larga, botas Dr. Martens. Pero resultó ser un disfraz. Cuando se cambió para nadar reveló un traje de baño rosa de dos piezas de alta costura y un cuerpo hermoso. Me imagino que es un secreto que prefieren no contarle a nadie.

Domingo 21 de septiembre, 17°C

El estanque mixto está a punto de cerrar. Finales de septiembre y parece verano. El cielo sin una nube y el sol abrasa. Antes de las diez de la mañana la temperatura del aire ya ronda los veinticuatro grados y el agua se sigue entibiando; hace diez días había bajado a la cifra fresca y perfecta de quince grados, pero ahora volvió a diecisiete y el estanque está repleto: para cuando me fui, todavía había diez personas en el agua, algo inédito en esta época del año. Parece que todos esos informes sobre el calentamiento global son ciertos. El único indicio de la fecha está en las hojas: cada día un poco más secas, un poco más plomizas, parecen perder peso a medida que el verdor desaparece, y las que ya amarillearon empiezan a caer lentamente en el aire quieto. Cuando salgo del estanque mixto en verano siento que entro en un Monet: un túnel verde intenso, todo resplandores y sombras densas. Ahora las paredes del túnel crujen y la luz es más pálida.

He nadado, como de costumbre, casi todos los días, pero el miércoles pasado caí en una especie de gastroenteritis, mi primera enfermedad seria en tres años. (Desde luego, me agarró el día después de entregar la versión final del libro sobre la voz literaria que me había estado acosando durante los últimos dos años). Me dejó débil como un bebé, pero hoy vine igualmente porque no me quería perderme el último chapuzón de la temporada en mi adorado estanque; no reabre hasta mayo. El agua estaba hermosa: me reparó, como siempre. Sin embargo, me equivoqué al elegir el calzado —liviano pero demasiado blando para un terreno tan irregular— y me costó horrores renquear hasta el coche. Al menos en el estanque de hombres eso no me resulta un problema. Envejecer demanda sobre todo una gran estrategia física —cómo hacer lo que uno quiere con los endebles recursos disponibles—, y la frustración que eso supone es inagotable.

Nadar durante el verano en los estanques es una manera perfecta de empezar el día. Cuando el agua se enfría, es una manera perfecta de acortarlo.

Jueves 25 de septiembre, 16°C

Dos tercios del país están cubiertos de nubes, bruma, lluvia, etcétera. Pero aquí, en el sur, todavía brilla el sol, el aire sigue agradable y sopla una brisa leve. No hay nubes sino apenas un entramado de estelas. Cielos despejados son sinónimo de noches gélidas y escarcha matutina, así que el cemento del muelle empieza a estar demasiado frío como para ir descalzo. Y dice Terry que no colocan la alfombra hasta que la temperatura del agua baje de los trece grados (aunque el agua conserva el calor, y puede que hoy esté un grado más fría que ayer). Después del chapuzón, los nadadores de agua tibia se sientan de brazos cruzados a tomar el sol y hablan sobre natación invernal. Haraganeo con ellos. Por primera vez desde quién sabe cuándo no tengo una fecha límite de entrega atada al cuello. La reescritura de la reescritura de *The Writer's Voice* ya está en la editorial, no tengo ninguna reseña pendiente para Bob, ni energía o deseos de empezar con este libro sobre natación. La conciencia me lo recrimina, pero sé que si alguna vez vuelvo a escribir otra palabra, lo que necesito es un poco de ocio para aclarar las ideas, para volver a pensar y a sentir. Esto, desde ya, en el supuesto de que quiera escribir otra palabra.

Domingo 28 de septiembre, 15,5°C

Un otoño lento y hermoso; avanza a pequeñísimos pasos. Hoy el agua está un poco más fresca que ayer y el viento algo más frío, aunque no tanto como para que se note. Cayeron un par de chaparrones y oscurece más temprano, pero las mañanas siguen apacibles y relativamente tibias si no hay viento; el único frío real sube desde el cemento a través de los pies. Y volvieron las gaviotas. De pronto parece que estuvieran en todas partes: te observan fríamente mientras nadas, vuelan bajo, sobre las cabezas, dan vueltas, graznan. Ayer, justo antes de meterme, la garza pasó zumbando cerca del agua con un aleteo amplio y estrepitoso. Verla es siempre un placer inesperado —supongo que por lo desconcertante que resulta cruzarse con una criatura salvaje y tan tímida en pleno Londres—. Pero, claro, ese es uno de los encantos de los estanques: ellos también son fragmentos de naturaleza en medio de la ciudad, y cuando llega el invierno son agrestes, fríos y relativamente indómitos. ¿Qué haría sin ellos?

Martes 30 de septiembre, 14,5ºC

Esta mañana al salir de casa el cielo estaba encapotado y soplaba un viento bastante fresco. Al fin, el otoño. Pero el agua no parecía más fría que antes, y todavía me sobraba energía cuando llegué a la soga externa para emprender el regreso. Mamá cisne daba vueltas en la otra punta del estanque, seguida por su flotilla de crías grises, que ya están grandes: ahora son cuatro, la quinta desapareció —y, si es que alguna vez reaparece, el grupo la va a rechazar—. Mientras nadaba hacia el muelle, el cisne macho pasó ruidosamente sobre mi cabeza; parecía un avión de pasajeros en pleno despegue: una presencia enorme y repentina sacudiendo las alas y lanzando un graznido muy raro. Una vez fuera, Glynn, el socorrista que quiere ser fotógrafo, me retrata para el boletín de actividades del Heath. Y Danny, el que quiere ser escritor, me hace una entrevista. Hablo con D sobre el oficio de escribir; le explico mi hábito de hacer siempre diez versiones de todo.

—Pero se lee con mucha facilidad y con mucha claridad —dice Danny—. Como pasa con Mozart.

¿Alguna vez alguien me hizo semejante halago?

Cuando llego a casa me siento vacío e improductivo: terminé con ese dichoso libro, pero no tengo la predisposición para empezar otro. Escucho Radio 3 en mi estudio, algo que no hago nunca cuando tengo que trabajar, leo basura, juego al póker en el ordenador y mato el tiempo preguntándome si alguna vez voy a reunir el interés y el deseo suficientes como para encarar algo nuevo. No soy adicto al trabajo, como Anne, pero no hacer nada me produce ansiedad.

Miércoles 1 de octubre, 14,5ºC

Debilidad y caída: las hojas débiles caen como polvo desde unos árboles que ya amarillean; cielos grises, el agua cada día un poco más fresca, pero aún agradablemente tibia. Después del septiembre más seco y cálido en muchos años, llega octubre, y el otoño empieza a asentarse. No veo la hora.

Domingo 5 de octubre, 12,5ºC

Ayer el agua estaba un poco más fría, el cielo despejado, el aire todavía tibio. Por la noche el viento cambió y empezó a soplar desde el norte, y hoy amaneció frío, luminoso, rutilante. Me desperté temprano, con la nariz tapada; parecía el preámbulo de un resfriado. Pensé que por las dudas lo mejor iba a ser suspender la natación y quedarme en cama bien abrigado, como decía Nanny, mi niñera. Pero ¿a quién quería engañar? El agua estaba perfecta; el cielo, inmaculado. Volví a casa feliz, sano y sin síntomas del resfriado.

Martes 7 de octubre, 12,5ºC

Anne volvió ayer de un largo fin de semana de trabajo en Washington DC y Nueva York. Parece haberlo tolerado muy bien, a pesar del asma veraniega, y tuvo un triunfo adicional: en NYC presentó su material ante una concurrencia masiva de analistas. También se pulió casi todo lo que había ganado en un par de pendientes de Bergdorf Goodman, aunque probablemente eso también sea bueno para el alma. Así que otra vez hay una presencia a mi lado mientras duermo y cuando me despierto tarde y de buen humor para afrontar un día genuinamente otoñal: con chaparrones, viento fresco y hojas mojadas. Llovió todo el camino hasta el estanque. Después, mientras me cambiaba, empezó a clarear. Para cuando me metí al agua, las nubes ya se estaban abriendo, y al girar para volver de espaldas habían desaparecido. Nadé el último tramo contemplando el vuelo bajo de las gaviotas contra un cielo intenso y azul; sentí frío en la cabeza, clara señal de que la temperatura del agua está cayendo. El sol brilló un rato más mientras me secaba; después, el cielo se nubló a toda velocidad y en el trayecto hacia el coche empezó a llover. ¿Buena sincronización? Gran sincronización, una esposa encantadora, la bendición del agua fría… ¿Por qué querría otra cosa en este punto tan avanzado de mi vida?

Jueves 9 de octubre, 11,5 °C

Un día tibio, lleno de sol, pero el estanque ya está listo para el invierno. Pusieron la alfombra en el muelle y las sogas en el agua. Como los escalones de madera a la izquierda de la plataforma empezaron a pudrirse, los clausuraron hasta que llegue una nueva escalerita de metal, y esto complica un poco la natación. En lugar de un simple ida y vuelta, ahora hay que trazar un triángulo raro: en diagonal hacia la otra punta, después un desvío a cuarenta y cinco grados para poder nadar en paralelo a la soga y de ahí un giro de noventa grados para volver hasta los escalones. Brilla el sol, las gaviotas vuelan en círculos y se lanzan en picado; el agua parece fresca, no fría. Aunque ya van varias semanas de otoño, el verano se niega a irse.

Sábado 11 de octubre, 11,5 °C

Otro día precioso: un cielo impecable, árboles quietos, el aire por encima de los dieciséis grados. Es absurdo que en el estanque ya hayan puesto las sogas; acorta la natación e interrumpe el ritmo. Aunque no por eso me resultó menos agradable ni vivificante considerando el estado en el que fui —muy maltrecho y con una leve resaca—. Ayer tuve una noche rara y estimulante. Empezó en el Wigmore Hall, donde Alfred Brendel y Matthias Goerne ofrecieron lo que, sospecho, fue una de las interpretaciones más perfectas del *Viaje de invierno* de Schubert. Al terminar, Alfred dejó las manos sobre el teclado y se quedó inmóvil durante al menos un minuto —un minuto entero, en completo silencio— y, cuando por fin se movió, el público estaba tan embelesado con la música que no atinó a reaccionar. Después sí: un aplauso unánime, atronador, la gente casi en *shock,* consciente de haber presenciado algo grandioso. Un rato más tarde subimos a agradecerle y a felicitarlo. Nos invitó a Well Walk a celebrar con él. Ay, no, dijimos, tenemos que ir a un sitio. El sitio en cuestión era un hotel nuevo y elegante por Cavendish Square. El pasado miércoles por la noche jugué ahí un torneo de póker y quedé segundo. Además de cincuenta libras en efectivo, el premio incluía una cena gratis en el restaurante del hotel. Se llama «Nº 5» y está pensado para jóvenes de clase alta —incluso Anne era treinta años mayor que el resto de los comensales—. Pero nos trataron como reyes: buena comida, un vino delicioso; nos divertimos mucho. Sobre todo nos reímos de lo absurdo de la situación, y del modo en que de pronto habían chocado los distintos aspectos de mi vida. La alta cultura y el póker. Un complejo entramado, dijo Anne. Así que disfrutamos de la comida, nos bebimos el vino, contemplamos la belleza de la juventud y nos reímos como adolescentes. Cuando estábamos a punto de terminar, los tres chicos de la mesa de al lado nos invitaron a sentarnos con ellos: un australiano que representaba a deportistas, un austríaco fabricante de zapatos, los dos vestidos como piratas, y una canadiense glamurosa, bronceada y con un escote muy generoso.

—Se lo están pasando ustedes mejor que nadie en este sitio —dijo el *aussie.* Un verdadero elogio teniendo en cuenta la nutrida lista de candidatos. Así que nos quedamos una hora más de risas en compañía. Después nos fuimos a casa e hicimos el amor. Mi resaca de esta mañana tenía menos que ver con el alcohol que con la risa y el disfrute. Puede que en mi vida como escritor no haya hecho todo lo que estaba a mi alcance, pero me lo he pasado muy bien.

Jueves 16 de octubre, 11ºC

El tiempo sigue impecable. A las nueve se habían disipado las nubes y la bruma matutina, y el cielo estaba fulgurante: un par de estelas en lo alto y, un poco más abajo, uno o dos aviones acercándose a Heathrow; también gaviotas en planeo rasante sobre mi cabeza, metidas en lo suyo, y a la derecha, sobre Kenwood, una luna torcida, varada en medio del resplandor. Esta zona de Londres está repleta de árboles, y nunca los había visto tan bonitos: todavía frondosos, con colores que van del verde al rojo más intenso. Conduzco despacio, lo absorbo todo, quiero que dure, porque el mundo es un lugar hermoso y yo estoy en mi septuagésimo quinto año. En cuanto al agua, me gustaba más a finales del verano, cuando se enfría un poco y baja hasta unos quince grados. Ahora tiene cinco grados menos que eso y me parece perfecta. ¿Es solo cuestión de acostumbrarse o será que me está cambiando el metabolismo? En este caso, elijo preservar la ignorancia. Lo único que sé es que podría nadar mucho más, y que las sogas me molestan.

También sé que el estanque es muy diferente al mundillo literario. El martes pasado fui a una fiesta de la English Speaking Union para celebrar el cuadragésimo aniversario de *The New York Review of Books*. Casi nunca voy a reuniones literarias, pero este era un caso especial: Bob Silvers es amigo mío, y escribo para él desde los comienzos de la revista. Aun así, me resultó terrible: todos cotorreando sin parar, una acústica espantosa, caras vacías, ávidas. Me fui apenas terminaron los discursos, pero en la puerta montaban guardia dos pilares vetustos del *establishment* literario —dos cerberos horrendos e ineludibles que escrutaban el salón con repugnancia—. A él lo conocí en Oxford hace cincuenta años, y en esa época tenía un cierto carisma impostado pero que resultaba atractivo, como un cachorro que mendigase afecto. Ahora es taciturno y arrogante, una masa inmensa, fofa y delicuescente, con dos mofletes que parecen hechos de sebo derretido. La mujer también ha envejecido muy mal, a pesar del tinte; tiene la cara más agrietada que las tierras yermas de Dakota del Norte y una boca de un rojo brillante pintarrajeada encima. Cuando pasé por al lado, me hicieron un gesto con la cabeza. Lo retribuí con una sonrisa tensa, y ellos me devolvieron sonrisas aún más tensas. La camarilla literaria de Londres me pone un poco paranoico, lo sé, pero estos dos son la malicia personificada: caprichosos, viles, capaces de aborrecerlos a todos. Puede que la literatura sea un arte hermoso, pero el mundo literario está poblado de monstruos.

Viernes 17 de octubre, 11ºC

La constancia del buen tiempo es increíble. Otro día despejado y radiante. Como las hojas van perdiendo espesor y los colores mutan, parece que estuvieran iluminadas desde dentro, que retuviesen la luz del sol, que la refractaran. Hoy se mueven porque se levantó un viento frío que sopla directamente del este. Por primera vez, y a pesar del sol, parece invierno. Los vestuarios estaban desbordados de luz solar, aunque igualmente me puse la ropa a toda velocidad y no me quedé más de lo necesario.

Martes 21 de octubre, 9ºC

El sábado por la mañana, cuando fui a nadar, el agua parecía estar a la misma temperatura que el viernes, pero en la pizarra decía nueve grados. Eso no quiere decir que haya bajado dos grados de un día para el otro, sino solo que los socorristas no se habían tomado la molestia de cambiar la cifra. Probablemente se quede fija en nueve durante una semana, aunque el cielo sigue despejado y la temperatura baja un poco más cada noche. Esta mañana me abrigué con ropa de invierno: camiseta normal, camiseta térmica, jersey grueso y chaleco de cuero (aunque este solo me hizo falta para ir hasta el coche). Al salir del agua —radiante, sano, feliz— me basta con una camiseta. Brilla el sol, los colores son deslumbrantes y casi todo el mundo parece sonreír.

Jueves 23 de octubre, 8ºC

Sigue el juego de las temperaturas. Las noches son cada vez más frías, el viento sopla gélido desde el noreste y tuve que conducir hasta el estanque con la calefacción bien alta. Aun así, en la pizarra decía diez grados y medio. Otro típico chiste de los socorristas. Ahora sí que el agua está helada. No siento el frío en el cuerpo —supongo que porque la sangre se va hacia dentro para proteger los órganos vitales—, pero sí en la calva, y la cara se me entumece. O, mejor dicho, se me entumece ligeramente. Todavía no está realmente fría, solo lo suficiente como para espabilarte de la impresión. Hoy tenía guardia Steve.

—Conque diez y medio… —le dije—. Será broma, ¿no?

—¿Cuánto calculas tú? —me preguntó—. ¿Ocho?

—Sí, algo así.

—Vale, la corrijo.

Me siguió hasta los vestuarios, donde me empezó a hablar de un poema que había escrito, el primero en toda su vida, en un curso para adultos: unos versos sobre un cocodrilo escritos desde el punto de vista del animal; bastante ocurrentes.

Después se nos sumó Chris y la charla viró hacia los escándalos permanentes sobre el horario de apertura del estanque. Cuando vuelva mañana, sé que la pizarra va a seguir en ocho grados y medio.

Domingo 26 de octubre, 7ºC

Me equivoqué. El viernes habían anotado diez grados. El sábado fui a Cambridge para el funeral por Bernard Williams, y tuve que salir temprano, así que no fui a nadar, pero hoy la pizarra dice siete, y esa es más o menos la sensación que da. El problema, me parece, es que tienen tres termómetros y cada uno indica una temperatura distinta. No es que importe tanto. Ahora el agua está fría, cristalina, tonificante: te deja rosado como un camarón. El número en la pizarra solo sirve para estimular el ego de los que nadan o para disuadir a los que no lo hacen.

Jueves 30 de octubre, 7ºC

Este tiempo perfecto se va arruinando poco a poco. Llovió ayer y está lloviendo otra vez ahora, por la tarde, pero la mañana estuvo inmaculada: ni una nube a la vista, colores resplandecientes. Por lo general los temporales de otoño arrancan las hojas de los árboles, que después cambian de color y mueren en el suelo. Pero este año tenemos un otoño estilo norteamericano —moderado y sin lluvias—, así que los árboles conservan el follaje: conduzco hasta el estanque atravesando túneles soleados de un rojo cobrizo, amarillento; es como quedar atrapado en una especie de sueño lento y feliz. El agua me despierta rápido, y, al volver hacia el muelle —flotando despacio, contemplando cómo planean y giran las gaviotas bajo el sol—, cada vez que inclino la cabeza veo un anillo de oro alrededor del estanque.

Lunes 3 de noviembre, 7,5ºC

Empezaron las tormentas otoñales. Las hojas, ya más delgadas, se oscurecen y caen. Me las ingenio para nadar en un breve arrebato de sol entre dos chaparrones. Por fin volvieron los cormoranes: seis desde la última vez que vine (el sábado). El invierno se va estableciendo.

Sábado 8 de noviembre, 7ºC

El martes y el jueves el viento sopló desde el sur, hubo sol y el agua subió más o menos un grado. Ahora otra vez el viento es frío, las hojas se despiden a toda velocidad, el cielo está gris y siguen llegando los cormoranes. Hoy había ocho; son tantos que a veces se acomodan por parejas en una misma boya; un gran coro trágico listo para anunciar el invierno.

Lunes 10 de noviembre, 7ºC

Hoy tuve suerte. Pillé un momento perfecto entre la niebla matinal y la penumbra de la tarde. Las nubes cedieron y se dispersaron mientras colgaba muy despacio la ropa y me arrastraba hasta el muelle. El agua helada estaba como teñida de sol, parecía un sendero líquido hacia el Hades. Hasta las aves se habían ido a celebrar el milagro: había solo dos cormoranes atentos en sus perchas flotantes y un puñado de gaviotas en un cielo azul intenso. Tomé un poco el sol mientras me secaba y conduje hasta casa cegado por el resplandor, abrumado por tanta buena suerte. Que fue breve. Incluso antes de servirme el café del desayuno, el día ya se había vestido de negro y la realidad volvía a imponerse.

Jueves 13 de noviembre, 7ºC

Ayer, bajo la lluvia, el aire un poco más tibio que antes, hojas caídas. Durante la noche, las copas de los árboles frente a la ventana de mi estudio quedaron desnudas, y la cuesta que da al estanque es ahora una alfombra rojiza y dorada. Hoy, mientras nadaba, volvió a salir el sol: la superficie del agua estaba reluciente, parecía hecha de esmalte negro. Pero una vez de vuelta en la escalera, con la cabeza sumergida, solo pude ver un mundo de un ámbar verdoso, mudo e inmóvil.

Domingo 23 de noviembre, 8,5ºC

Un resfriado homicida tipo gripe me impidió nadar durante una semana; volví el jueves pasado, con la sensación de haber envejecido un año. Esa noche fui a una fiesta navideña en casa de Melvyn y Cate, estuve encaramado dos horas en mi Flipstick y me desperté el viernes con la rodilla hecha un pomelo. Otros dos días sin estanque. Ahora que he vuelto, llueve. Te metes blanco y tembloroso y sales sonrosado y feliz, nuevamente parte del género humano gracias al agua fría, el aire fresco y ese mínimo ejercicio físico. Tal vez se refieran a eso cuando dicen «el impacto de lo nuevo». Dos cotorras revoloteaban entre los árboles alrededor de los vestuarios: un amarillo verdoso muy vivo contra el cielo invernal; sacudían las plumas de la cola y discutían con un acento australiano escandaloso. Quizás estaban indignadas porque ayer Inglaterra le ganó a Australia en la final del Mundial de rugby.

Martes 9 de diciembre, 5,5ºC

Fue una de esas mañanas perfectas: helada, resplandeciente, silenciosa. En las últimas dos semanas la temperatura del agua fue cayendo sin pausa, pero la pizarra siguió fija en siete grados. Hoy los socorristas la bajaron a seis y medio, aunque Danny dice que debe de tener un grado menos —y esa es la impresión que me da—. Me encanta. Cuando entro, me sacude, me devuelve a la vida, y necesito dar algunas brazadas antes de poder respirar de nuevo. Después voy en crol bien rápido hasta la soga, doy un giro lento, circular, nado unos cuantos metros más y desde ahí vuelvo de espaldas contemplando las gaviotas, las estelas y el sol pálido sobre el cielo pálido. En cada boya había un cormorán melancólico con las alas desplegadas. Me encontré con Chris y con un vejete enérgico que tendrá mi edad: mientras nos secábamos nos reímos como críos; casi que hasta tomamos el sol, o al menos no nos dimos prisa en volver a vestirnos. Un sol bajo inundaba una parte de los vestuarios.

Martes 16 de diciembre, 3ºC

Escarcha en el coche, rocío congelado en el césped, hielo alrededor de los escalones del muelle donde habían salpicado los nadadores anteriores, y la ducha solidificada. La temperatura del agua fue bajando durante toda la semana, y ahora está fría en serio, así que me salí en la primera escalera. Pero me arrepentí de inmediato: la verdad es que cuanto más fría se pone más me gusta, y qué daño podrían causar cinco metros más. El sol brillaba tenue entre la bruma matutina, Chris hablaba poéticamente sobre su novia, que ahora se le instaló en las habitaciones que tiene encima de la sastrería, y un chico del norte muy agradable, que acababa de tener su primera experiencia de natación invernal, sonreía sin parar por haber ido al estanque en un día como este. Todos estábamos un poco mareados por el frío. Me dio mucho gusto estar vivo.

Miércoles 24 de diciembre, 2ºC

El domingo pasado, por primera vez, hubo viento del norte y el agua estaba tan fría que ya empiezo a sentirla densa, casi pegajosa. Creo que es porque se pone viscosa cuando está a punto de convertirse en hielo, que es exactamente lo que parece ahora. Es mucho más difícil nadar pero, al salir, Dios santo, la sensación es insuperable. Después me salté un par de días: ayer porque tenía cita temprano con un médico en el Wellington para verme la bursitis en la rodilla. Un problema ridículo y muy poco digno para haberlo desarrollado a esta edad. Y que, para colmo, a raíz de lo endeble de mi sistema linfático, hizo que el tobillo malo se me hinchara tamaño elefante. Una combinación terrorífica. A las seis fui con Anne a casa de los Brendel para brindar por Navidad. Una reunión familiar. Estaban todos sus hijos, menos Maria y Ronnie. Son muy amables y sumamente cariñosos. Y también solícitos, lo que me permitió verme a través de sus ojos: soy un viejo decrépito al que hay que cuidar. Sophie, a quien alguna vez llevé a escalar a Harrison, insistió en ayudarme a bajar los escalones de la entrada. En cierto sentido fue conmovedor, pero también muy deprimente. Los ciento y pico de metros que renqueé hasta casa me parecieron una carrera campo a través: volví cuidando el ritmo, controlando la respiración, casi contando los pasos. Y así estuve el resto de la noche, aunque no hicimos más que envolver regalos de Navidad. Para cuando me fui a la cama, me sentía en las últimas y completamente avergonzado de mí mismo. La natación matutina me reacomodó, como siempre, y subí la cuesta con nuevos bríos. Pero más arriba, cuando trataba de cruzar la barandilla, un viejo que paseaba por ahí se paró y me dijo:

—¿Está usted bien? ¿Puedo ayudarle?

Le habría pateado las pelotas de no haber tenido la certeza de que si lo intentaba me iba directo al suelo.

(El tono de todo lo anterior es muy dudoso y está lleno de autocompasión. Les echo la culpa a los antibióticos que estoy tomando para desinflamar la rodilla. Puede que ayuden, pero uno de los efectos secundarios es la depresión, y autocompadecerse es pésimo para el alma. Como dijo Thornton Wilder: «Pido disculpas. Pido disculpas a todos», incluyéndome a mí).

Miércoles 31 de diciembre, 2 ºC

Los últimos chapuzones fueron desoladores: lluvia, aguanieve, un frío gélido. Hoy las ventanillas del coche estaban cubiertas de hielo y la niebla todavía era espesa cuando me fui de casa, pero al llegar al estanque volvió a salir el sol, y todos los cormoranes —en algunos casos había dos por boya— habían desplegado las alas para que se les secaran. Parecía una convención de escudos ducales. En la pizarra decía cuatro grados, pero supongo que era solo para estimular a los nadadores navideños. El agua está negra como la tinta y no muy lejos de congelarse del todo. Ahora que pusieron una escalerilla nueva en el lado izquierdo del muelle, volví a mis escasos cincuenta metros de antes: veinticinco hasta la soga, veinticinco de vuelta. Creo que son suficientes, y operan maravillas.

2004

Sábado 3 de enero, 1/1,5°C

Un día gélido: escarcha en el césped y sobre el muelle, un viento norte despiadado, el agua más fría que el jueves. Solo estaban los *habitués:* Chris, Billy y el maratonista cuyo nombre nunca recuerdo. También un par de mujeres mayores porque su estanque está congelado. El nuestro prácticamente también, y cincuenta metros me parecieron una distancia considerable. Soplaba tanto viento que me puse la ropa casi antes de haberme secado, y una hora después todavía temblaba. Pero ¡cómo me levantó la moral, además de haberme reanimado!

Jueves 15 de enero, 4°C

Dos semanas con un tiempo bastante lúgubre: lluvia, vientos fuertes; esos días que no fomentan la charla después de la natación. Pero esta mañana brillaba el sol, no había una nube en el cielo y, cuando giré a la altura de la soga para volver de espaldas, dos cisnes pasaron volando escandalosamente sobre mi cabeza, batiendo alas enormes, con las patas oscuras plegadas al costado del cuerpo. Un blanco tempestuoso que parecía «una concentración del cielo», como dijo

Yeats. Me alegró el corazón. Hacia el mediodía estaba lloviendo otra vez.

Sábado 17 de enero, 2/3ºC

Otra mañana perfecta. Hielo grueso en las ventanillas del coche y un cielo inmaculado. El agua estaba tan fría que se me entumeció la cara antes de llegar a la soga, pero el sol, sobre los vestuarios, calentaba bastante, así que me quedé un rato ahí sentado antes de volver a ponerme la ropa. Es lo que entiendo por perfección: frío auténtico y auténtica tibieza, blanco y negro en lugar de Technicolor, como en las mejores películas.

Domingo 25 de enero, 5ºC

Los del pronóstico del tiempo vaticinan una ola de frío polar. Mientras tanto, hoy, otro día perfecto. El aire está frío, el agua está fría, pero brilla el sol en un cielo despejado y no hay una pizca de viento. Me seco despacio, después me siento con la toalla sobre los hombros a disfrutar del sol como si estuviéramos no digo en pleno verano, pero sí al menos a finales de la primavera. Como es domingo, en los vestuarios hay bastante gente —nadadores y corredores—. Tres veces escucho a los que vuelven del agua explicando, cada cual a su modo, que «días así te hacen darle gracias a la vida». Y todos suenan como si acabaran de descubrir alguna clase de verdad eterna. Y así es: la acaban de descubrir en carne propia. Una gran verdad.

Martes 27 de enero, 2/3ºC

La nieve sigue tardando, pero ahora el viento sopla con fuerza desde el norte, directo del Ártico. El agua está otra vez muy fría. Me vestí volando. Aun así, cuando paré a repostar de camino a casa, todavía temblaba tanto que casi no pude firmar el recibo de la tarjeta de crédito. El gasolinero, un chico joven de origen indio, me miró preocupado y me preguntó si me encontraba bien. Cuando le dije que sí, que ningún problema, que solo venía de nadar un rato, su cara adquirió esa expresión condescendiente y compasiva que reservamos para los locos.

Sábado 31 de enero, 3ºC

La nevada llegó el martes por la noche y durante dos días Flask Walk estuvo bloqueada por el hielo, intransitable. Ayer aparecí en un *talk show* matutino, así que tampoco pude ir. Hoy estaba como loco anhelando mi dosis de agua fría. Que llegó con creces. El agua estaba apenas por encima del punto de congelación, rugía el viento, la lluvia me aguijoneaba en la cara cuando volvía de espaldas. Al salir me sentía maravillosamente.

Martes 2 de marzo, 1ºC

Ayer volví de Nueva Zelanda, donde nadé una sola vez —en el lago Wanaka: fresco y agradable pero poco profundo—. Un viaje sin ningún sentido: un vuelo eterno para ir, otro vuelo eterno para volver, días y días esperando a que llegaran Torquil y los chicos, y después solo dos jornadas subido en el Tiger Moth, volando en un clima helado antes de que los vendavales y la lluvia obligaran a cerrar el lugar. Hoy tenía un *jet lag* terrible y estaba muy resfriado, las calles amanecieron cubiertas de hielo, pero brillaba el sol, así que fui a darme un chapuzón rápido. Y efectivamente fue bastante rápido porque buena parte del estanque se había congelado. Pero me despejó, me alivió el resfriado y me hizo darme cuenta de lo feliz que estoy de haber vuelto a casa.

Jueves 11 de marzo, 4 ºC

Ese chapuzón rápido era lo único que me hacía falta para volver a poner en acción el sistema inmune. Al día siguiente nadé un poco más, y al siguiente ya había recuperado mis cincuenta metros habituales y me había curado completamente el resfriado. El agua siguió helada, pero hacia el fin de semana ya ni le prestaba atención a la temperatura. Todavía está gélida, y hasta cae una nevada, aunque esta mañana el milagro de cada año mostró sus primeros signos: un viento salvaje del este, el agua tan fría que pincha, pero los árboles totalmente encendidos con capullos; blanco y rosado mire adonde mire, los sauces todavía sin hojas, pero las ramas largas y delgadas ya cuelgan como una cabellera de un dorado verdoso, y en las puntas de las ramas peladas de las hayas aparecieron mínimos brotes rojizos. Allá vamos de nuevo.

Domingo 21 de marzo, 5,5/6 ºC

Esto mejora no ya día a día, sino minuto a minuto. Hoy por la mañana, cuando salí de casa, el día estaba gris, frío y lluvioso. Mientras me cambiaba se asomó el sol y, aunque el viento se mantuvo frío, el agua —agitada y resplandeciente— ya no pinchaba. Nadé mis cincuenta metros y sentí que podía/debía haber hecho más. Cuando volví a los vestuarios, el sol lo inundaba todo y me senté unos minutos a disfrutarlo antes de vestirme. El césped se pone cada vez más verde y los narcisos están en todas partes: bajo el haya roja, todavía deshojada, hay uno solitario, erguido como una vela. Más tarde llovió un poco. Un día de primavera perfecto.

Viernes 23 de abril, 10 ºC

Me parece que nado más a menudo —al menos cinco veces por semana— ahora que caminar me resulta más complicado.

Aunque la pastilla nueva, Vioxx, me ha eliminado las molestias, el entumecimiento parece aumentar. Supongo que es culpa de eso que llaman una mala postura, de ese hábito mío de caminar inclinado hacia delante, tipo Groucho Marx; intento enderezarme cada vez que me doy cuenta, pero es algo que empiezo a hacer en cuanto me pongo en pie. Un recordatorio agobiante de la vejez y el deterioro. Anne también está cada vez peor del asma —sufrió un episodio muy desagradable en Italia, puede que estimulado por el fuego de la chimenea—, pero igualmente se fue a dar una conferencia a Brasil. Y aunque milagrosamente volvió mejor, yo sigo tremendamente preocupado. Mientras tanto, nado sin parar y el estanque me resulta cada día más extraordinario. Brilla el sol, las hojas se despliegan, hay flores y nuevos verdores por todas partes; la temperatura del agua sube despacio. Esta última semana anduvo en unos ocho grados, y hoy, aunque los socorristas ya ni anotan la cifra en la pizarra, debe haber llegado a los mágicos diez. Ya retiraron la alfombra del muelle y pronto también van a quitar las sogas del agua. Ahora nado unos noventa metros en un circuito raro (una especie de triángulo), en lugar de los habituales cincuenta de ida y vuelta. Pero esta mañana incluso eso me pareció insuficiente. Después nos sentamos en grupo a tomar un poco de sol. Según dijo uno de los *habitués,* la natación en agua fría está considerada oficialmente como deporte extremo. Desde luego no parece algo tan extremo en días así.

Miércoles 28 de abril, ¿12ºC?

La semana pasada terminó con una mini ola de calor, como para andar en mangas de camisa. Ayer bajó la temperatura y el día se fue ensombreciendo progresivamente. Más hacia la noche hubo tormentas eléctricas, relámpagos como flechas y una lluvia torrencial que inundó el metro y las calles. Esta mañana aún llovía y el frío era tan intenso como para que el agua pareciera tibia. Quitaron las sogas: puedo nadar hasta la otra punta fácil y placenteramente, aunque el aire al salir está frío. Por lo general espero hasta las nueve y media, a que termine el lío de padres que llevan a los críos al colegio, pero esta mañana me fui a las nueve, en plena hora punta, y había unos embotellamientos terribles. Tardé media hora en llegar hasta Highgate y más de lo habitual en volver. Más me habría valido quedarme en la cama leyendo el periódico.

Verano

El estanque mixto abrió el primer fin de semana de mayo y de pronto todo volvió a la normalidad. Otra vez nadando donde nado desde que era un niño. La única diferencia es que ahora no puedo caminar hasta allí desde donde termina Well Walk y atravesar el claro con esa vista insuperable de Londres. Lo hice un par de veces, pero tengo el tobillo demasiado inestable como para enfrentarme a ese suelo tan irregular, así que estaciono al final de Willow Road, me limito al sendero asfaltado y a veces paro a descansar en alguno de los bancos que hay por el camino. Me pregunto cuánto tiempo voy a poder seguir haciendo siquiera eso. Cumplí setenta y cinco en agosto y lo más difícil empieza ahora. ¿Quién podía saber cómo iba a ser la vejez? ¿Quién hubiera sido capaz de imaginársela?

Como de costumbre, nadar en las aguas tibias de un lugar tan hermoso me mantiene cuerdo y sano, pero no sentí que valiera la pena escribir al respecto. Lo mismo en Italia: nadamos casi todos los días en la piscina de Barga. El calor, por una vez, no resultó tan agobiante. Nadábamos temprano, antes de que llegaran las multitudes. Anne tomó clases para mejorar el estilo. Un ejercicio placentero y monótono, pero tampoco sentí que fuera algo digno de registro.

Sin embargo, un par de días antes de volvernos, Damasco nos llevó hasta el lago Di Pontecosi, un lugar muy grande pero oculto en una cuenca de lomas arboladas, diez minutos en coche al norte de Castelnuovo; no va mucha gente, salvo los domingos, cuando las familias sacan a los críos a tomar un helado y jugar en los columpios cerca del aparcamiento. Y, tratándose de Italia, nadie nadaba. Damasco —qué sol de persona— había hecho sus averiguaciones: en determinada parte de la orilla, justo al dejar atrás un parquecito con juegos infantiles, había un hueco donde podía meterme en el agua y salir sin problemas. El pueblo quedó a nuestras espaldas; delante había una ensenada a la que se accedía por un breve puente de piedra, una capilla antigua con la casa del párroco al lado —una vivienda de piedra muy bonita, recién restaurada—, y detrás un viaducto alto por donde circulan trenes. Todo precioso, como de tarjeta postal. Volvimos varias veces. El agua tenía un sabor barroso, casi vegetal. Era ambarina y estaba fresca y parecía extenderse sin límites. Al volver desayunábamos en el bar del pueblo.

Martes 14 de septiembre, ¿17ºC?

Volvimos a Londres el viernes 10, y el domingo nadamos en el estanque mixto: el aire todavía pesado, cálido, el agua tibia. Ahora de pronto llegó el otoño: viento frío, intenso, nubes veloces, un sol que se oculta y aparece, como un reflector, deslumbrante y repentino. Y sobre la boya más lejana, algo consternada, mi vieja amiga la garza, arrogante y distinguida como siempre —es la primera vez que la veo después de varios meses—. Como anoche llovió, el último trayecto del sendero hacia el estanque quedó lleno de charcos; el agua está más fría que hace dos días, llovizna un rato mientras me seco, el jerseicito que traje no es suficiente; me da gusto irme a casa.

Jueves 16 de septiembre, 17ºC

Voy temprano (para mí) y antes de las nueve ya estoy en el agua. Un día sin nubes. La mayor parte del estanque todavía sigue en penumbra, pero cuando salgo al sol, a mitad de camino hacia el salvavidas, el brillo es extraordinario. El agua resplandece, como si emanara vapor de luz. Vuelvo de espaldas, indolentemente, contemplando los pájaros que planean y giran en un cielo inmaculado, mientras el fulgor se lleva los dolores y los achaques matutinos. Tres días más y el estanque mixto cierra hasta el fin del invierno. Una pena no poder venir a ver cómo amarillean las hojas.

Jueves 23 de septiembre, 15,5ºC

Otra vez en el estanque de Highgate. Llueve, las hojas cambian de color y caen, el aire está oscuro, no hay nadie. El agua, tibia y quieta, picoteada por la llovizna. Nado hasta la soga externa y después giro para quedar de espaldas, como siempre. Al hacerlo noto una conmoción de alas y un destello azul plateado. La garza me pasa estruendosamente a pocos centímetros de la cabeza y se instala sobre la orilla derecha. Fauna silvestre en medio de Londres; es como empezar el día con una bendición.

Jueves 7 de octubre, 13ºC

Uno de esos días que te hacen creer que Beckett se equivocó: sí que es bueno estar vivo. Ni una nube en el cielo, las calles como túneles verdes y dorados, brisa fresca, agua fresca, todo resplandece. Nadar relaja el cuerpo, aclara la cabeza. Después se puede charlar un rato al sol. Mejor que esto, imposible.

Domingo 10 de octubre, 12,5°C

El agua se va enfriando, aunque lenta y agradablemente. Hoy llegué más atontado que de costumbre y sin bañador, me tiré en calzoncillos: se me salieron casi de inmediato y terminé nadando desnudo. Nada grave, el Heath estaba prácticamente vacío. No fue más que una nueva manifestación de vejez, torpeza y olvido. Y he aquí otra de esas cosas que no te ves venir, sobre todo si siempre fuiste atlético, fuerte y activo: el cuerpo deja de funcionar como corresponde. Siempre creí que iba a ser capaz de hacer lo que había hecho toda la vida, aunque un poco peor y con más dificultades. Bueno: para nada. Todavía puedo cumplir cada mañana con mis cuarenta flexiones de brazos, pero cuatrocientos metros a pie me resultan una pesadilla. Algo que jamás imaginé. Olviden todas esas chorradas sobre el impacto de lo nuevo: el impacto de lo viejo es mucho más difícil de aceptar.

Martes 19 de octubre, 11°C

Las hojas se van secando a toda velocidad y un viento intenso las arranca y las levanta. La zona del Grove, en Highgate, es una catedral de remolinos dorados, no hay nubes en el cielo, el agua tiene un color ambarino —está limpia, fresca, brillante—. El fin de semana pasado, cuando la temperatura bajó de los doce grados, pusieron las sogas. Una pena. Así que ahora nado bien hacia la derecha, pasando la antigua plataforma de salto, después serpenteo un rato de espaldas, alargando el placer, tratando de que dure más. El cielo está lleno de gaviotas que vuelan en círculos. Los cormoranes todavía no han vuelto, pero la garza monta guardia en la otra punta, sobre la orilla derecha. Más tarde, en los vestuarios, todos están sonrientes y locuaces, como si no pudieran creer lo afortunados que son de estar vivos en un día tan hermoso como este.

Viernes 29 de octubre, 11,5ºC

Tormentas en el suroeste del país, unas olas enormes azotan las costas en Devon y Cornwall, pero lo único que tenemos en Londres es viento fuerte y hojas caídas. Esta mañana, cuando llegué al estanque, parecía como si la tormenta estuviera a punto de venir hacia aquí: nubes hinchadas, amarillentas, una luz turbia. Después todo cambió de repente: se despejó, salió el sol, el agua se encendió y parecía incluso más tibia que ayer, igual que el aire. Éramos solo tres: los dos boxeadores —Chris y George— y yo. Se pusieron a hablar sobre el East End de hace cincuenta años: qué promotores de boxeo, muertos todos hace siglos, les manejaban la vida, a qué cantantes escuchaban, con qué grupos bailaban. ¿Cuándo fue la última vez que oí nombrar a Joe Loss, o a los mellizos Kray, escoltados por esos guardaespaldas siniestros?

Sábado 30 de octubre, 11,5ºC

Otro día perfecto de sol; apacible, primaveral. Y, como las hojas amarillean, el aire parece bañado en oro. Voy con Anne hasta la parte más alta del Heath, con el techo del coche abierto, diciendo mira esto, mira aquello. El mundo nos parece un lugar cada vez más bonito ahora que se nos está acabando el tiempo, como si antes no lo hubiéramos notado del todo. Creo que hasta el agua está tibia, así que nado sin parar. No encuentro motivos para salir. El único indicio del invierno son los cormoranes; volvieron de un día para el otro. Hay seis: cada uno en su boya, observándolo todo, las alas desplegadas para que las seque el sol.

Jueves 4 de noviembre, 11,5ºC

Un misterio. El día está oscuro y lluvioso, las gaviotas de siempre vuelan bajo o se posan en las barandas y los trampolines;

también hay un par de cormoranes melancólicos sobre las boyas. Salgo en diagonal hacia la izquierda, nadando rápido, y cuando emerjo en la otra punta para girar, ahí mismo, a unos veinte metros, sobre la boya que hay pasando la soga, está la garza: brillante, nítida, como iluminada por un reflector; gris y plateada, con una franja negra bajo el pecho y el pico de un amarillo intenso. Me mira. Cuando vuelvo al muelle, ya no está, y no hay ni rastro de ella en sus dominios habituales, las orillas más remotas del estanque. Una aparición que se desvanece sin dejar huella —ahora la ves, ahora no la ves—, como si me estuviera diciendo algo que no consigo entender.

Viernes 19 de noviembre, 9ºC

El primer frío verdadero. Una ola polar inesperada que empezó anoche a eso de las diez, cuando volvíamos de cenar comida china, y terminó hoy al mediodía. No lo suficientemente fría como para congelar las calles ni para escarchar las hojas que quedan, pero hoy a las nueve de la mañana las ventanillas del coche tenían bastante hielo, y salir de casa fue como entrar en un frigorífico (un frigorífico, no un congelador). Un día resplandeciente, cielo despejado, ni pizca de viento. Un sol bajo inunda los vestuarios, que casi parecen tibios, pero el agua está más fría que hace un par de días.

—Nueve grados —dice Steve, pero parece más baja.

Así que acorté unos metros el recorrido de costumbre, luego me arrepentí porque se estaba bien. Ahora uno sale del agua rosado —no rojo, como cuando la temperatura cae por debajo de los cinco grados—; un rubor modesto de pies a cabeza.

Jueves 2 de diciembre, 6,5ºC

El agua se fue enfriando muy despacio, cada día un poco más, casi imperceptiblemente; lo suficiente como para que se note el cambio, pero no tanto como para alterar mi recorrido triangular: en diagonal hacia la orilla derecha, después en paralelo a la soga hasta quedar entre los dos muelles y desde ahí de vuelta a la escalera que está más cerca de la orilla. Unos cien metros. Digamos seis o siete minutos, tal vez menos. (Aunque uso reloj, nunca me tomé la molestia de controlarme). Esta mañana fue distinto: parecía que el invierno por fin había llegado; los árboles casi sin hojas, el aire gélido, el día todavía oscurecido por la niebla nocturna cuando atravesé Highgate en coche. Se empezó a disipar mientras me cambiaba y, para cuando me metí, el cielo había adquirido una claridad color damasco que casi parecía luz solar, aunque no lo era. Así que emprendí mi breve circuito de siempre, percibiendo cuánto más fría que un par de días atrás estaba el agua, pensando «me va a espabilar, me va a reanimar, para eso vine». Pero esta vez el frío era en serio, sólido, opresivo. Quizá tendría que haber frenado en la primera escalerita, pero persistí, porque no quería que me derrotara, y terminé con los dedos tan entumecidos que no me pude abrochar los pantalones. Cuando le pregunté a uno de los socorristas nuevos por qué en la pizarra todavía ponía ocho grados, me contestó: «Ah, sí, bajó un poco; estará en siete, o puede que menos; no tuvimos tiempo de corregirla». Ahora voy al estanque totalmente vestido de invierno; cuatro capas de ropa: camiseta normal, camiseta térmica, suéter grueso, chaqueta de cuero. Pero hoy, una hora después de haber salido, todavía temblaba. También camino como un anciano: despacio, con pasos vacilantes, apoyándome en el bastón, parando muchas veces solo para trepar la pendiente hasta el coche. Esto podría deberse —en parte— al frío, pero resulta que también dejé los calmantes que venía tomando una vez al día desde hace un año, y ahora el tobillo malo está más inestable que nunca.

Los calmantes ya casi no calmaban nada y, además, cuando los busqué en Internet, vi que las contraindicaciones incluían «lasitud» y «pérdida de agudeza mental». ¿Será por eso que no logro escribir, no quiero escribir, ni siquiera puedo jugar al póker como corresponde? Y yo que creía que el reloj se me había quedado sin cuerda. ¿O será que estaba todo el tiempo exhausto por el esfuerzo de tener que disimular mis olvidos, mi embotamiento mental? Así que hace unos días dejé las pastillas y la depresión se evaporó. Hasta estoy empezando a escribir otra vez. Sean testigos de esta efusión interminable.

Viernes 17 de diciembre, ¿6,5°C?

Mañana oscura, viento fuerte, lluvia torrencial. El único sector seco en los vestuarios es un ángulo remoto sobre la derecha donde se superponen dos aleros: un mínimo metro cuadrado al amparo del mal tiempo. Parece casi agradable hasta que empiezo a quitarme la ropa; ahí me siento como el rey Lear en la tormenta, pero sin la compañía del bufón. De todos modos, el aire, cosa rara, no está muy frío, y el agua se siente algo más tibia que unos días atrás. Hoy tengo el tobillo pésimo, y eso de alguna manera me afecta al nadar; me meto con suma torpeza, trago un montón de agua y no consigo encontrar el ritmo; cuando giro y me pongo boca arriba, la lluvia me aguijonea en la cara. Sin embargo, al salir me siento bien: renovado, rojo, brillante. Otro viejo llega mientras me estoy secando, un tipo de mi edad, uno de los ex boxeadores, ahora tullido por la artritis. Es rubicundo, lleva el pelo muy corto, tiene el cuerpo tenso como un resorte y cojea más que yo. Viene todos los días en una bicicleta de carreras y se viste con un maillot azul de ciclismo repleto de insignias, como si fuera un participante del Tour de Francia. Me dice que acaba de salir de terapia intensiva, pero no dice por qué. Mientras espera a que yo desocupe ese valioso metro cuadrado seco, entona *Singin' in the Rain* —¿cómo no?— a pleno pulmón. Somos dos viejos que se dan ánimos peleando contra la corriente con las únicas herramientas que les quedan. Y funciona, aunque después lleva mucho tiempo entrar en calor, incluso con la calefacción del coche al máximo.

Lunes 20 de diciembre, 3°C

De pronto el invierno se acentuó: por la noche cielos limpios, por la mañana escarcha y viento helado. El agua está fría de verdad. Con los cincuenta metros de siempre tuve más que suficiente y después me apuré para volver a vestirme. Aun así, los dedos se me quedaron demasiado entumecidos como para abrocharme los pantalones y tuve que pedirle ayuda a otro nadador. Un tipo alegre y locuaz, más viejo que yo incluso —ochenta y dos me dijo que tiene—, uno de los *habitués,* aunque debe de venir más tarde porque no lo había visto nunca. Huelga decir que al rato estábamos hablando sobre la muerte, o más bien sobre morirse, y sobre lo mucho que nos gustaría que, cuando nos toque, sea algo rápido, y si se puede aquí mismo, al aire libre, en este lugar que tanto queremos (como Rudolph, qué tipo tan afortunado). Todo esto interrumpido por ataques de risa, claro, así que terminamos de buen ánimo y felices de seguir vivos.

Nochevieja

Vinimos a Italia para revisar —y después celebrar— la nueva calefacción central, recién instalada. Adam se encargó de supervisar todo el asunto, con la inevitable cuota de sangre, sudor, lágrimas y frustración que implica lograr que alguien haga algo en Italia. El resultado es glorioso. Los radiadores están bien colocados y son agradables a la vista. Los caños de cobre son objetos hermosos en sí mismos. Giulio tapó todos los agujeros y pintó los remiendos, y la casa resulta, por primera vez, un lugar acogedor para pasar el invierno. No más habitaciones congeladas y baños congeladísimos, no más tardes de lectura envueltos en chaquetas, no más levantarnos cada cinco minutos a echar leña en chimeneas y salamandras. El lugar quedó más calentito que Flask Walk. Un placer. ¿Quién lo hubiera creído posible?

Así que nos fuimos a nadar al lago Di Pontecosi —o, mejor dicho, yo fui a nadar y Anne a darme ánimos—. Un día rutilante, nieve en las montañas, viento tempestuoso, escarcha en la hierba. Sin embargo, el agua no estaba particularmente fría —fría como para dejarme colorado, pero nada comparable al frío del estanque de Highgate—. Más tarde tomamos *caffè corretto* en el barecito y devoramos unas porciones de pizza mientras el mismo grupo de vecinos que estaba ahí el verano pasado me miraban como a un demente. En Inglaterra la gente cree que nadar en agua fría es una excentricidad. En Italia lo consideran una perversión. En el camino de vuelta a casa paramos a comer en el Marquee, un restaurante algo deprimente en las afueras de Castelnuovo. ¿Desde cuándo comemos a mediodía? Pero estamos de vacaciones y, más allá de eso, me estaba muriendo de hambre. Así que ¿por qué no? Unas vacaciones como corresponde: sin fecha límite de vuelta, sin ordenador, sin nadie a quien llamar. Prendimos el fuego en el salón como mera decoración, leímos, oímos música, perdimos el tiempo. Pero la cena y el vino nos liquidaron, y antes de las once ya estábamos en la cama, a pesar del Año Nuevo. Anne se quedó dormida casi de inmediato, y yo leí *Juventud,* de Coetzee, con la expectativa de cabecear antes de que comenzaran los festejos.

Pero los libros de Coetzee te mantienen despierto sin piedad y a las doce empezaron los ruidos —explosiones y silbidos leves, lejanos y sordos—. Me levanté y fui casi obligado y de mala gana hasta el ventanal. Los fuegos artificiales florecían en todo el valle. Sobre Barga, sobre Gallicano, sobre los pueblitos en las laderas de los Alpes Apuanos (que nosotros llamamos el collar de perlas). Chaparrones rojos, verdes, blancos y dorados. Trepaban, brotaban, uno tras otro. Los sonidos llegaban después, a muy bajo volumen, distantes, como disparos de armas ligeras. Anne, que estaba agotada, durmió todo el tiempo, incluso roncó un poco. Luego hubo un estallido final como de ametralladora, un alboroto de colores y parecía que ya estaba, así que volví a la cama. Pero eso despertó a Anne, que fue hasta la ventana, molesta por haberse perdido el espectáculo. Y todo vuelta a empezar: una explosión tras otra. A las doce y media se acostó otra vez, pero los fuegos artificiales siguieron iluminando el valle. Los italianos reciben el Año Nuevo de forma exuberante y con estilo.

2005

Sábado 1 de enero

Otra vez al lago. Un día tranquilo, sin nubes; escarcha en el suelo, el agua un poco más fría que ayer, pero con sol intenso y nada de viento. Salí como si me hubiera remojado en el río de la vida. Hoy, como es fiesta, estaba todo cerrado, incluso los bares, así que no pudimos tomar café hasta que volvimos a casa para la hora de almorzar. Ahora me he venido a escribir al patio. La luz es clara, líquida, uniforme, pero está salpicada de partículas brillantes y movedizas: parecen mosquitas celebrando este breve instante de vida y flotación, los hilos plateados de una telaraña. Son las cuatro, el sol está apenas por encima del monte Cusna y el aire se va enfriando. Hora de entrar.

Domingo 2 de enero

Parece que aquí un mínimo chapuzón en agua fría basta para hacerte famoso. Anne se lo había contado ayer medio en broma al encargado de Il Ciulè cuando pasamos a reservar una mesa para festejar su cumpleaños, camino a casa. Y cuando volvimos esa misma noche, un par de horas después, el tipo ya le había ido con el chisme a los del periódico local.

Si hoy hubiera nadado de nuevo, probablemente me habría estado acechando un equipo de televisión. Pero es domingo, y las familias van al lago a pasear y relajarse, así que no fui, gracias a Dios.

Domingo 23 de enero, ¿3°C?

Cuando volvimos a Londres, el frío en el estanque de Highgate era de otro orden, aunque los socorristas, desde luego, insisten en mantener la pizarra en cinco grados, bien porque no les funciona el termómetro o bien —y más probablemente— porque ni se molestan en usarlo. Pero el tiempo estuvo casi siempre radiante. Al principio hubo vientos fuertes y remolinos densos de gaviotas, que llegaron, supongo, desde la costa. Ahora el viento cesó, las noches siguen despejadas, bajó la temperatura y los días están apacibles y soleados. Esta mañana fue perfecta: una inmovilidad gélida, resplandeciente. Te zambulles en el recorrido del sol, nadas hacia él, vuelves de espaldas en medio de un brillo helado, con pájaros que giran y estelas que se trenzan en un cielo pálido; después te embebes de sol mientras te secas y muy despacio te pones otra vez la ropa. Mejor, imposible; de verdad: el cuerpo me funciona bastante bien, sin dolores, sin achaques, sin la amenaza del tobillo. Pero quizás haga falta toda esta humillación de mierda para recordarte lo bueno que es estar vivo.

Lunes 7 de febrero, 3,5°C

Otra mañana perfecta. Parece que este invierno extraordinario está lleno de momentos así: cielos inmaculados, sol tenue, quietud. La semana pasada, durante unos días, estuvo un poco más indómito: viento polar directo sobre los vestuarios y ráfagas de lluvia que le agregaron aristas afiladas a mi placer matutino. Pero ahora se acabó este tiempo sombrío y volvimos a la perfección. Esta mañana parecía primavera: los cincuenta metros de siempre me supieron a poco, así que antes de vestirme tomé el sol y charlé un rato. Quedarme dando vueltas como hoy quiere decir que no me siento a trabajar hasta después del mediodía, pero no me importa. Me importa mucho más disfrutar del tiempo que me queda, y pocas actividades me resultan más agradables que esta. Ayer, domingo, uno de los *habitués* tempraneros, de esos que vienen al estanque antes de ir a trabajar, me comentaba el deleite (no fue esa la palabra) que le causa nadar mientras sale el sol. Últimamente dormir también me causa un gran deleite, así que imagino que por ahora me voy a perder esa experiencia.

Martes 22 de febrero, ¿3ºC?

Finalmente se terminó este invierno mentiroso. Durante el fin de semana el viento rotó hacia el norte y después sopló desde el este, hasta que anoche pareció venir directamente de Siberia. Llegó con nieve. Cuando me levanté a hacer pis, a eso de las cinco de la mañana, los árboles de la acerca estaban cargados de blanco y la habitación, fría como un frigorífico, así que cerré la ventana y dormí muy tranquilamente hasta las nueve. A las diez, cuando salí para el estanque, ya habían despejado las calles y las nubes empezaban a abrirse, pero todavía rugía un viento diabólico. El agua también está fría de verdad: pincha, tonifica; me entumece las manos y los pies. Todo tal cual había anunciado el pronóstico. El fin de semana pasado hablábamos Mike King y yo sobre el frío que se acercaba, no con ansiedad, sino más bien con anhelo, ilusionados por la helada y por el desafío que eso implica. Me pasaba igual en la víspera de algún ascenso difícil: sabía que la situación me iba a poner a prueba y quería estar a la altura de las circunstancias, y después, una vez en marcha, descubría que no era para tanto. Así que nadé y salí resplandeciente, renovado, sintiéndome como cuando llegaba a la cumbre después de escalar por una ruta difícil. Ahora son las tres de la tarde, nieva otra vez y el pronóstico dice que va a seguir así. No veo la hora.

Jueves 24 de febrero, ¿2/2,5°C?

Nadando bajo la nieve. Mejor que cantando bajo la lluvia. Pero qué fría estaba el agua.

Miércoles 16 de marzo, 5°C

La primavera llegó de la noche a la mañana. Hace dos semanas había hielo en el estanque (un día era tan grueso que tuvieron que cerrar), y el agua apenas si rondaba un grado centígrado —no podría estar más fría sin solidificarse—. Una hermosura. Lo que esperábamos, natación invernal en su estado más puro, más extremo, lo más cerca que se puede estar de un clima realmente hostil —sin contar, claro, mi primer matrimonio—. La temperatura se mantuvo así durante unos diez días hasta que después subió a cuatro o cinco grados, aunque el aire parece más frío que nunca. Esta mañana el viento empezó a soplar desde el suroeste; ahora el cielo está despejado, corre una brisa tibia y agradable. Los pájaros vuelan en parejas y el jardín del vecino se tiñó de amarillo: hay montones de flores de azafrán. El agua sigue muy fría, pero cuando nado de espaldas el sol me calienta la cara, así que siento como si flotara entre dos mundos, dos elementos. La alegría general en los vestuarios después de la natación aumenta junto con la temperatura del aire. Nos sentamos un rato, cotilleamos, contamos chistes; somos casi todos viejos, disfrutando la jubilación, felices de estar vivos.

Martes 19 de abril, 9ºC

Anoche, otra caída abrupta en la pendiente del deterioro. Fui con Tony al Coliseum a escuchar *Lulú,* de Berg, pero el taxi llegó antes, así que tuve que esperar un rato largo, y desde luego no había dónde sentarse. Me apoyé en el bastón durante quince minutos, y después otro tanto en el bar mientras pedía las bebidas. Para cuando por fin me sirvieron las consumiciones, tenía la zona lumbar completamente agarrotada, y las piernas no me respondían. A duras penas logré avanzar los pocos metros que me separaban del banco donde me esperaba Tony; la mujer sentada al lado se dio la vuelta con expresión de asco, dando por hecho que yo estaba borracho. Después de la ópera, camino a Beoty, donde nos sirvieron una cena carísima y mediocre, se me volvieron a inmovilizar las piernas: casi no logro llegar hasta la mesa. Tony fue muy amable y diligente, y me ayudó lo mejor que pudo, pero no hubo forma de ocultar ni su estupor ni mi humillación. Una pesadilla. Dormí muy mal, amanecí en pésimo estado, después conduje hasta Highgate y llegué al estanque tambaleándome. Incluso los pocos metros entre los vestuarios y el muelle me resultaron difíciles. Pero la natación me curó, como siempre. Ahora estoy sentado frente a mi escritorio, mirando la calle. Al espino le están creciendo algunas hojas, los pájaros trabajan sin cesar, brilla un sol tenue. Sigo perplejo. Me voy de cabeza al hoyo, eso está fuera de discusión. La única duda es: ¿a qué velocidad?

Martes 10 de mayo, 15,5ºC

Por fin llegó la primavera. Todo florecido, los árboles repletos de hojas nuevas y relucientes, los castaños colmados de velas, y capullos por doquier: los perfumes se mezclan con el olor profundo del césped recién cortado en la cuesta que da al estanque. Ayer el agua estaba fresca, el sol calentaba un poco y todo el mundo parecía ridículamente feliz. Chris llegó con una cabeza de ciervo embalsamada bajo el brazo. («Me dio no sé qué dejarla en el asiento de atrás del coche», me explicó). Las astas conservaban cierta dignidad, pero el resto de la cabeza hacía pensar que el animal venía de perder una pelea: la boca mal cosida, congelada en una mueca deforme, el relleno a medio salir; ojos saltones, descentrados, de un azul glaucoma, no negros.

—Lo encontré en el altillo —contó—, y estaba por colgarlo en el vestíbulo, frente al barómetro, pero mi mujer dijo: «O el ciervo o yo». Así que me lo llevo al local.

Hoy es como si hubiéramos retrocedido un mes: nubes densas, viento frío; está más cálido dentro del agua que fuera. Pero el fresco mantiene a raya a los nadadores ocasionales. Solo están Chris, George (el de ojos azules) y uno de los socorristas charlando sobre boxeo: los púgiles nuevos que ven por televisión, sus propias peleas (cuarenta en el caso de George, con veintitrés victorias) y el destino de los profesionales de aquella época. Una conversación amena que ayuda a empezar bien el día. ¿O no? Volví de nadar, desayuné, leí el periódico y ahora estoy en mi estudio, frente al ordenador, como de costumbre. Aquí es donde empiezan los problemas. El tobillo me duele un poco, como casi siempre, pero mi reacción ya no es el desánimo o la autocompasión: es la fatiga. Lo único que quiero es recostarme y no hacer nada —leer un libro, escuchar música, jugar al póker *online,* bla, bla, bla—. Lo que no quiero es sentarme frente al escritorio y tratar de concentrarme, aunque sé que si me concentrara podría olvidarme del malestar. ¿Qué clase de escritor soy si mi única ambición es jubilarme? Debió de haber sido distinto cuando era joven. Si fue así, no me acuerdo.

Sábado 14 de mayo, 12ºC

El espino que Anne plantó hace años en el jardín de la entrada creció casi hasta la altura de la ventana de mi estudio, en el piso más alto de casa, y ahora, a mediados de mayo, está todo florecido: una erupción inmensa de dulzor y blancura. Pero como el aire sigue inusualmente frío —el agua en el estanque mixto bajó dos grados en una semana—, no huelo nada. El perfume de las flores de mayo es uno de mis mayores placeres, y me siento engañado. También algo perplejo: ¿no lo huelo porque el aire está muy frío o porque ya no me importa? La apatía es uno de los efectos colaterales de los calmantes y, más triste todavía, una condición que se intensifica en la vejez.

Un par de noches atrás, volviendo del teatro New End me tropecé con un adoquín desparejo a unos veinte metros de casa —tropiezos que resultan cada vez más frecuentes a medida que el tobillo va perdiendo estabilidad—. Me fui al suelo y me golpeé la cabeza, vi las estrellas (algo que no me pasaba desde la época en que boxeaba y jugaba al rugby), me corté un dedo y me hice un moretón en una mano. Nada demasiado grave, pero al día siguiente todavía temblaba. En este momento la palabra agilidad me parece algo de un pasado remoto. «Jack, sé ágil, corre, vuela, | Jack, sé ágil, salta la vela». Me acuerdo de que pensaba: ¿qué dificultad podría suponer una vela? Ahora entiendo. Miro a los jóvenes y a los que todavía se pueden mover bien como si fueran de otra especie. Ellos se desplazan; yo no. Peor: ellos ni siquiera piensan en el movimiento mientras que yo, todo el tiempo, casi instintivamente, estoy midiendo distancias, calculando los pasos.

Domingo 22 de mayo

El tobillo está cada día más inestable, y nunca sé cuándo va a ceder. Esta mañana fue repentino: estaba cruzando la pista de ceniza donde montan la feria y me caí al suelo. Me hice un raspón en la rodilla. No mucho. Nadé como siempre y no volví a pensar en el asunto. Dos horas después, ya en mi escritorio, la herida palpita, me duele la rodilla y tiemblo a lo Elvis, como si hubiera tenido un accidente de montañismo. Eso les hacen los años a las personas: las vuelven frágiles. Puede que los accidentes en sí sean insignificantes, pero la capacidad de recuperación empieza a menguar. Nunca hubiese usado la palabra frágil para describirme, ni para definir el modo en que viví mi vida, pero lo que más me amarga no es esta novedosa fragilidad sino la expresión de angustia de Anne cada vez que el tobillo cede y yo empiezo a tambalearme. Aunque supongo que mejor la angustia que el desagrado.

Jueves 9 de junio, 19ºC

El estanque mixto abrió al público el último sábado de abril. Fue un verdadero placer reencontrarme con las gallaretas y las gallinetas, con los árboles que se vuelcan sobre el agua, con los espinos florecidos que bordean los senderos. Pero incluso desde el aparcamiento el trayecto me pareció demasiado difícil, así que entre semana fui al estanque de Highgate. Después, la feria ocupó el aparcamiento durante un par de fines de semana, y más tarde volvieron a cerrarlo para arreglar el pavimento e instalar máquinas de cobro automático. Ahora, como hay algas, el estanque de Highgate ha cerrado de nuevo, así que no tengo otra alternativa que hacer lo mismo que hice el año pasado: estacionar donde termina Willow Road y dar toda la vuelta a pie. Un plan que esta mañana me llenó de pavor: ¿y si el tobillo colapsa?, ¿y si se me paralizan las piernas?, ¿y si ya no puedo acceder a las cosas que me mantienen de buen humor (aire libre, agua fría, un poco de ejercicio en un lugar hermoso, algo de compañía agradable)?

Llegué sin problema, por supuesto, aunque bien despacio, descansando a medio camino. En los últimos doce meses me vine muy abajo, pero todavía queda un buen trecho por caer, así que haría bien en aprovechar esto mientras pueda. Como de costumbre, Beckett acertó: «Tienes que seguir, no puedo seguir, voy a seguir».

Jueves 16 de junio, 17 ºC

El estanque de Highgate sigue cerrado y yo me voy acostumbrando a la rutina: tomarse las cosas con calma, mirar bien dónde se pisa, portarse de acuerdo con la edad. Cerca de la entrada al estanque mixto me alcanza Roy, otro de los que vienen todo el año. Es un tipo bajito, compacto, atlético, gran nadador. Exmontañista, como yo; ocurrente, gracioso. Tiene una energía burbujeante y ojos azules e inocentes, como dos tacitas de porcelana. Aparenta cincuenta y tantos, pero en realidad solo tiene tres o cuatro años menos que yo. Después de nadar le digo que tengo que volver a trabajar. Me mira sorprendido.

—Yo lo dejé hace años —responde.

Me cuenta que era profesor de educación física en un hospital universitario, pero que lo echaron a los cincuenta y siete años y ahora vive de una pensión estatal. Le pregunto cómo diablos hace para sobrevivir con eso.

—Llevo una vida modesta —dice—. Tengo necesidades, pero no grandes ambiciones.

Martes 5 de julio, 21 ºC

Roy también me contó que vino al Heath hace unas semanas y que mientras caminaba por Parliament Hill Fields vio al artista italiano Giancarlo Neri y a sus asistentes cuando le hacían los últimos retoques a su nueva instalación: una mesa y una silla gigantes titulada *El escritor.* «¿Qué le parece?», le preguntó Neri. «Es muy buena —le respondió Roy—, y va a quedar todavía mejor cuando traiga el resto de los muebles».

Efectivamente, *El escritor* es una obra hermosa: amenazante, solitaria, con los árboles de fondo y el claro enorme de la colina por delante —y más allá, el cielo—. Deborah Moggach escribió un artículo muy divertido en *The Guardian* donde afirma que incluso antes de la inauguración oficial una pareja había tenido sexo sobre el escritorio —deben de haber sido escaladores—, y que la gente había estado tirando cosas desde abajo, así que el tablero ya estaba todo sucio de colillas de cigarrillo y de bolas de papel, igual que la mesa de cualquier escritor. Como queda a una distancia considerable del camino, pensé que nunca iba a poder verla, pero no estaba teniendo en cuenta que habían reabierto el estanque de Highgate. Si desde el muelle nado en línea recta y llego hasta la soga externa, un pequeño hueco entre los árboles sobre la orilla me permite apreciar la instalación completa, como enmarcada. Y eso es lo que hago ahora todas las mañanas: nado hasta allí, contemplo la mesa vacía, inmensa, la silla de respaldo recto, de esas que te rompen la espalda, siempre metido en estas aguas dulces e indoloras. Después vuelvo muy despacio hasta el muelle, conduzco hasta casa y subo a mi estudio.

Domingo 18 de septiembre, 19ºC

Último día en el estanque mixto y yo, ni enterarme. Fui de casualidad porque era domingo, estaba fresco y nublado, pero quizá lo suficientemente agradable como para tentar a Anne con un chapuzón de despedida. No iba por allí desde julio, sobre todo porque la caminata es mucho más larga que hasta el estanque de Highgate y cada vez puedo confiar menos en el tobillo y en la espalda. O acaso fue por pura vagancia. Lo que sea, como dicen los chicos ahora. Así que ahí estaban todos: Terry y Danny sirviendo té, champagne y salmón ahumado a una legión de socorristas jóvenes, más un par de *habitués* como Piers, Mike King y el afable autista del barrio (que ni bebe ni come). Había un clima melancólico, más otoñal que el día; me fui renqueando y con la misma duda que en septiembre pasado: ¿el año que viene podré hacer este trayecto? Cada vez nado más —mínimo unas cinco veces por semana—, pero caminar se me hace cada vez más difícil. Recemos.

Miércoles 12 de octubre, 15,5°C

Estamos teniendo un veranillo, o un otoño producto del calentamiento global: la temperatura ambiente, cerca de los veinte grados; el agua, fresca, en sus ideales quince. Todas las veces que he venido a nadar me he alejado lo suficiente como para contemplar *El escritor*, pero el lunes por la mañana había una grúa estacionada al lado de la instalación y el tablero ya no estaba. Ahora se han llevado el resto. La voy a extrañar: por la obra en sí y porque era un recordatorio cotidiano de lo que debería estar haciendo.

Hace un par de semanas murió Percy. Ochenta y nueve años. Los chicos de los Highgate Lifebuoys le organizaron una despedida de lujo. Chris tocó *Last Post* casi sin errar una sola nota; Terry, desde la antigua plataforma de salto, esparcía las cenizas y estas se iban disolviendo en el agua mientras los socorristas se tiraban de cabeza. No es una mala forma de irse. Sospecho que esto me convierte en el *habitué* más viejo.

Lunes 17 de octubre, 15,5°C

Un otoño estadounidense aquí en Inglaterra; hermoso, imprevisto. Colores vívidos, cielos despejados, quietud —aunque los días amanecen siempre un poco lúgubres, y cuando cruzo por Spaniards Road tengo que encender las luces antiniebla—. Todavía hay una bruma espesa sobre el estanque; el agua parece de cristal. Solo distingo una fila larga y despareja de gaviotas en la orilla frente al muelle: están posadas sobre las botellas de plástico que mantienen a flote los fardos de paja. Parecen las notas en una partitura de canto gregoriano. Más acá se deslizan dos cisnes; agitan un poco el agua al mover las patas membranosas, después flotan a la deriva, indolentemente, creando olitas débiles. Nado, como siempre, hacia la orilla izquierda, y cuando giro para volver la niebla empieza a abrirse. A medio camino noto una perturbación en el aire, un estruendo sordo y entrecortado que registro a pesar de los tapones en los oídos. Una garza me pasa cerca de la cabeza, bate las alas con la fuerza suficiente como para disipar la niebla que quedaba. Cuando vuelvo a los vestuarios, el cielo ya está limpio. Me seco despacio, disfrutando del sol.

Jueves 3 de noviembre, 15º

Mientras estacionaba en Millfield Lane pasó un zorro a la carrera. Pelaje lustroso, cola tupida, cuerpo rollizo, cara rolliza; una criatura bien alimentada en la flor de la edad. Frenó un segundo muy cerca del coche y me miró fijamente, con dos ojos negros y brillantes, como midiéndome a través de la ventanilla; después cambió de rumbo, se internó en el césped y salió corriendo hacia el estanque. Lo seguí lo más rápido que pude, pero ya no había ni rastro del animal, aunque dos beagles encadenados a la reja exterior del Heath estaban como locos.

—¿Lo han visto? —le pregunté al dueño.

—Lo han olido —me dijo.

Lunes 14 de noviembre, 10,5ºC

Pusieron las sogas, volvió el primer cormorán, brilla el sol. Qué día tan hermoso.

Jueves 24 de noviembre, 7ºC

Hace diez días que viene bajando la temperatura: días con sol, noches sin nubes, mañanas cada vez más heladas, escarcha en el césped, hielo en las ventanillas del coche. Pero cuando se disipa la niebla matutina, el aire y el agua se aclaran con el frío, inmaculado, resplandeciente. Hoy no. Había nubarrones bajos, amagos de lluvia, un viento cruel. El agua, por su parte, pasó de fría (diez grados) a muy fría (cuatro); es decir, lo suficientemente fría como para que se sienta en los dientes. El problema no es nadar; el problema es quitarse la ropa antes de hacerlo —y volver a ponérsela después—. Los dedos se me quedaron tan helados que no me podía abotonar los pantalones; me los tuvo que abrochar Terry.

—¡Ojalá tuviera una cámara para grabaros! —dijo el otro socorrista.

El martes pasado había cuatro cormoranes apiñados en una sola boya; hoy, la garza, mi amiga imponente y misteriosa, está sola y erguida en el salvavidas que hay más allá de la soga. Cuando me doy la vuelta en el agua la saludo, pero no reconoce mi presencia.

Martes 20 de diciembre, 1/1,5ºC

Ya hace días que el agua está fría en serio: apenas por encima de los cero grados, a juzgar por los esporádicos pedazos de hielo que pasan flotando, aunque los socorristas ya ni se molestan en usar el errático termómetro digital. Pero el cielo sigue despejado, y el sol oblicuo que inunda los vestuarios genera una sensación de tibieza mientras te secas. No así esta mañana. Las nubes estaban bajas y soplaba un viento helado. Salí con los dedos tan entumecidos que no me pude abrochar la camisa (mucho menos los pantalones). Dos horas después todavía temblaba. Algo así como una vida al límite en su versión para la tercera edad. No es gran cosa, pero es mejor que nada, y la descarga de adrenalina al tocar el agua es imposible de ocultar. Un consuelo: parece que se perdió la vieja alfombra, pero hoy pusieron una nueva; evita que se escape el poco calor corporal que te queda antes y después de nadar.

Viernes 30 de diciembre, 1/1,5ºC

Lo de hoy, más cruel imposible. Por la noche había estado nevando, después la nieve se convirtió en un diluvio, aparentemente sin un cambio perceptible en la temperatura del aire. Un viento del este feroz pega directo en los vestuarios, no hay donde guarecerse; hielo en el muelle, el agua del estanque picada como si estuviéramos en alta mar, cormoranes tristes y gaviotas en penitencia. Sentí que el cuerpo no me funcionaba, incluso con la ropa ya puesta. Me costó mucho renquear de vuelta hasta el coche, y tuve que hurgar varios minutos en los bolsillos del vaquero antes de poder sacar las llaves.

2006

Miércoles 18 de enero, 4°C

Cada día camino peor, pero no porque el tobillo me duela más —eso va y viene—, sino porque ahora tampoco puedo confiar mucho en las piernas. Así que camino como se supone que caminan los viejos: a tientas y con dificultad. He cruzado otro río.

Mientras tanto, el agua está ínfimamente más tibia. Llegó a ese umbral crítico donde los cuatro grados arañan los cinco o seis. O quizás solo sea que el viento empezó a soplar desde el suroeste y el aire está un poco más cálido, así que al salir del agua ya no se siente el frío. Por lo que sea, la lluvia tenue y constante parece una ducha tibia.

Los árboles están repletos de unas cotorras escandalosas —lo que de por sí ya es ridículo— que se están apoderando del lugar. Espantaron a los cisnes y se asocian para hostigar a los cuervos como si fueran Spitfires persiguiendo Heinkels. Y todo esto en un Londres invernal.

Jueves 2 de febrero, 0,5/1°C

El invierno volvió con todo. Cada día hace más frío. En Rusia y en Polonia, todas las noches mueren cientos de mendigos y de ancianos, y los techos colapsan sobre los jóvenes por el peso de la nieve. En Londres también hace frío, aunque, cuando el cielo se despeja, a eso de las diez, y sale el sol, el agua helada resulta tonificante y uno recupera el calor enseguida después de nadar. Pero hoy no. El cielo está plomizo, en el aire hay un movimiento tenue de algo que en cualquier momento podría convertirse en nieve, y hace un frío mortal. Por error nadé un par de metros más de lo habitual y al salir tenía las manos azules. Tan azules e inutilizables que me costó ponerme la camisa, así que ni hablemos de abotonarme el pantalón. Jamás me había pasado algo así, incluso con hielo en el agua —aunque tal vez sea porque el hielo bloquea el estanque y eso limita bastante la distancia que se puede nadar—. Sin embargo, este frío tiene sus ventajas: unos metros antes de llegar a la escalera miré hacia arriba y vi que tenía al lado a los dos cisnes. No me importó si me estaban amenazando o solo husmeando un poco; hacía demasiado frío como para preocuparme y ni les presté atención. Me escoltaron hasta la escalera, después se alejaron desdeñosamente.

Jueves 23 de febrero, 1,5ºC

Durante los últimos diez días sentí que ya empezaba la primavera. Hubo sol, los pájaros estuvieron muy activos, el agua casi había perdido el filo. Ahora ha vuelto a instalarse el invierno: el viento viene del este, nieva desde un cielo negro, y el agua, que había ido subiendo, despacio, hasta unos estimulantes tres grados, ha vuelto al mismo punto en el que estaba hace tres semanas. Así que he tenido el estanque para mí solo.

Dermot se iba cuando llegué; Chris llegó cuando yo me iba. Un día solo apto para los más curtidos.

Martes 14 de marzo, 2ºC

Un día de la semana pasada la temperatura ambiente trepó hasta los diez grados, así que parecía que por fin empezaba la primavera. Ahora hemos vuelto adonde estábamos: el viento es gélido, los pájaros parecen perplejos y los brotes en las puntas de las ramas siguen completamente cerrados. Esta mañana, dos horas después de haber vuelto a casa, todavía temblaba. La piscina cerró para la limpieza anual de primavera, así que George, el boxeador, apareció otra vez por el estanque, locuaz y alegre como siempre —el resto de los *habitués* tuvimos que levantar la voz solo para hacernos oír—. Y la verdad es que quedo excesivamente contento después de nadar. El problema está en el antes. Es como si cada mañana necesitara más tiempo para poner el cuerpo en funcionamiento; tengo algunos problemas de equilibrio, el tobillo está muy inestable, me duele la espalda, me crujen las articulaciones cuando me agacho. No es que sean cosas fuera de lo común —lo esperable para alguien de mi edad—, pero es un recordatorio constante del estado lamentable en el que estoy, y cada vez que me tambaleo en público —cuando voy, digamos, de los vestuarios hasta el muelle— me siento un anciano decrépito. Como de niño estuve muy enfermo, de mayor siempre me jacté de mi resistencia, mi fortaleza y mi facilidad para los deportes. «Vanidad de vanidades, dice el Predicador, todo es vanidad», y hablaba de envejecer. Ya que mi vanidad fue siempre física, que no intelectual, supongo que hay cierta justicia en lo que me toca vivir ahora.

Viernes 31 de marzo, 7ºC

El tiempo fue cambiando muy despacio en el transcurso de la última semana: el aire está más cálido, el estanque menos congelado; la lluvia es más ligera, el viento más suave. El agua ya quedó bien establecida por encima de los cinco grados y parece que al fin llegó la primavera. Esta mañana nadé unos metros más, y mañana, si Dios quiere, voy a estirar el circuito otro poco. Y en ese momento, además de recibir la descarga de adrenalina, haré algo de ejercicio. No tanto como para recuperar un buen estado físico (eso ya no va a volver a pasar), pero sí el suficiente como para lubricar esta osamenta oxidada, aliviar los achaques matutinos y mantener el espíritu en alto. Ahora que no me queda mucho tiempo, el objetivo es disfrutar lo que este hermoso planeta tiene para ofrecer —y eso incluye mi propia presencia en él—. Lo demás, como suele decirse, es palabrería (también trabajo, papeleo, sumar y restar).

Domingo 2 de abril, 7°C

Florecieron los narcisos, el aire está templado; después de una lluvia fugaz, la cara recién lavada del Heath resplandece.

Miércoles 5 de abril, 8,5°C

Hace un par de días se me cayó algo cuando me iba a sentar en mi escritorio; giré y me incliné hacia delante para recogerlo: el tobillo derecho cedió de pronto (como suele hacer) y tuve que poner todo el peso en la pierna izquierda. No fue nada, ni siquiera una caída, y en la vida he sufrido muchas —de hecho, en mi apogeo como escalador era famoso por eso—. Pero algo en la pierna izquierda se distendió, o se dobló, o se rompió. Comoquiera, me dolía mucho. Casi no podía bajar ni subir la escalera. Cuando me fui a dormir hice el numerito de la bolsa con hielo (que algo ayudó), pero después, en mitad de la noche, al levantarme para orinar, no me funcionaba bien ninguna de las dos piernas, y a duras penas logré ir hasta el baño y volver. Parecía que el final había llegado de manera banal y prematura (o al menos mucho antes de lo que yo esperaba). Ayer me fui volando a la clínica de santa Iga, que obró su magia. El tobillo izquierdo tenía moretones internos: los hizo desaparecer, sabe Dios cómo. Esta mañana todavía andaba un poco inestable, pero llevé a Anne hasta Heathrow y después fui al Heath, aunque con miedo de no poder hacer ni siquiera el mínimo trayecto desde el coche hasta el muelle. Un día perfecto, sin nubes. El agua por fin está perdiendo el filo. Hacía meses que no nadaba tanto, y para cuando salí ya caminaba normalmente. Primero la magia de Iga, después la del estanque. ¡Alabados sean!

Sábado 8 de abril, 8,5ºC

Otro día radiante de primavera: agua deliciosa, sol fuerte, viento frío. Dave, el gaitero, se puso a evocar la época en que estuvo en el centro de rehabilitación de Camden. Además de haber sido boxeador, portero de discoteca y doble de escenas de riesgo, Dave pasó un tiempo como estibador de troncos en el puerto («Es un poco más difícil que cargar ladrillos, con la salvedad de que cargar ladrillos se puede hacer»). Y estibar troncos era precisamente lo que hacía cuando le soltaron encima un cargamento que le fracturó las dos piernas y los dos tobillos. Once semanas en el hospital, después fisioterapia en casa. Pero la fisioterapia le resultaba demasiado suave, y su Guinness diaria le fue haciendo engordar, así que se internó en el centro de rehabilitación, donde todos los empleados son atletas, entrenadores de fútbol y cosas por el estilo. Dice que salió mejor de lo que entró, lo que quiere decir que le volvieron a poner en movimiento y le devolvieron el amor propio. Sea lo que sea que hicieran, según lo contaba, esas semanas en rehabilitación parecían haber sido las más felices de su vida. Aún no camina bien, pero tiene una bicicleta de carreras y el equipo completo de licra, y pedalea todos los días como un demonio desde quién sabe dónde, ida y vuelta, haga el tiempo que haga. Usa unas zapatillas especiales de ciclismo que lo hacen renquear casi tanto como yo, pero qué carajo importa, son parte del uniforme. Probablemente también cojee sin las zapatillas, así que ahí tiene una buena excusa.

Creo que los que nadamos el año entero somos todos iguales. Los estanques son como un cementerio de elefantes para atletas viejos. Vamos ahí a morir, felices de estar al aire libre, simulando que todavía podemos hacer ejercicio como antes, con esa pequeña dosis de adrenalina que nos aporta el agua fría, fascinados de que la hostilidad mínima del lugar no nos abrume por completo, fingiendo que no somos una parodia triste de nosotros mismos cuando éramos jóvenes. Nos decimos que el ejercicio es para mantenernos en forma, pero no es verdad. Cuando era joven y escalaba de seguido, si lo dejaba durante un par de semanas, luego me costaba bastante recuperar la forma. Ahora, de viejo, el objetivo del ejercicio ya no es recuperar el buen estado, porque eso ya no va a pasar; se trata de demorar el deterioro, que no deja de hacer su trabajo.

Martes 16 de mayo, 17,5ºC

Allá vamos de nuevo: otra primavera, otro dólar. Me sorprende lo rápido que ocurre. Tal vez sean tres semanas, pero parece que ocurra de la noche a la mañana: los árboles todos florecidos, los capullos cerrados de las hayas estallaron ahora en un cobrizo profundo, las velas en los castaños están encendidas, los espinos como tartas de Navidad, tan glaseados de flores que casi no se pueden ver las hojas, e incluso en un día frío y gris como este el aire está cargado de perfumes: embriagadoras flores de mayo, efímeros pimpollos de zanahoria silvestre. En el nido de los cisnes, en la otra punta, todavía no hay señales de las crías, pero cerca del muelle una pareja de patos pasó arreando a su flotilla de pichones, puro graznidos y batir de alas. El milagro de cada año, con lluvia suave y viento del oeste incluidos.

Miércoles 5 de julio, 23°C

Después de un invierno largo y frío ahora tenemos un verano largo y caluroso, y no me gusta mucho. La temperatura ambiente ronda los treinta grados, y el estanque de hombres parece una bañera tibia y ambarina. El mixto es como sopa de verduras; para refrescarse después de nadar hay que darse una ducha. La buena noticia es que todavía logro llegar hasta el estanque mixto si voy despacio y me apoyo un poco en Anne. La mala es que creo que prefiero el de hombres. Algo que jamás me habría parecido posible. Ahora, solo voy al mixto los fines de semana, cuando Anne tiene ganas de darse un chapuzón, y con este clima eso significa decirle adiós al lugar precioso e íntimo que tanto me gusta: a las diez y media ya está repleto.

También extraño el frío. Nadar en verano es un ejercicio agradable y, en el estado lamentable en el que estoy, sabe Dios que necesito todo el ejercicio posible, pero no me motiva lo más mínimo, no me acelera la sangre, no me hace subir la adrenalina. Así que nado casi todos los días, me siento mejor y me aburro.

Martes 5 de septiembre, 18°C

El mes de agosto, en Italia, más de lo mismo: nadé todos los días, me sentí mejor y me aburrí. Aunque la piscina, gracias a Adam, era hermosa, y la vista desde allí cortaba la respiración. Aun así, agradecí volver al estanque de Highgate, con los patos, los cisnes, el agua fría y la vastedad. Esta mañana llegué a las ocho, con la idea de refrescarme un poco antes del funeral de Shuna en la parroquia de Hampstead. Una experiencia rara. Shuna era una mujer alegre y hermosa, pero no la conocía muy bien y solo fuimos por su hija Natasha, a quien ayudé con un libro y aprecio mucho. La iglesia es bonita y la ceremonia no resultó particularmente triste. Sin embargo, estuve al borde de las lágrimas todo el tiempo, y cuando sacaron el cuerpo en aquel ataúd de mimbre casi me quiebro. Igual que todos los demás. Mientras salíamos, Nicola me abrazó sollozando, y la mujer que estaba delante de mí en la cola para firmar el libro de condolencias se dio la vuelta y me dijo: «Qué llorera, ¿verdad?». ¿Qué fue todo eso? Un poco se debe a que Shuna estaba llena de vida y era encantadora y murió horriblemente de un cáncer contra el que peleó hasta último momento, y otro poco a que yo no me sentía nada bien: agotado de conducir desde Italia, deprimido por haber chocado con el coche un par de kilómetros antes de llegar a casa, no sentía la espalda y me dolía el tobillo. En otras palabras, autocompasión: el siguiente soy yo. Y el toque final lo dio el ataúd de mimbre. Un féretro de madera es un mueble, un objeto sólido, lustroso, cerrado con clavos. Este otro se doblaba, y dio bastantes problemas cuando intentaron levantarlo. Parecía algo que usaría un carnicero cursi para envasar la vianda del domingo, un recipiente que en cualquier momento era capaz de adquirir la forma de lo que llevaba dentro: la carne muerta en la que se transforman siempre —a fin de cuentas— la belleza, la vivacidad, el encanto y el ingenio.

Lunes 9 de octubre, 14ºC

Quizás el choque, la melancolía y las lágrimas arrolladoras e inexplicables durante la ceremonia de Shuna hayan sido indicios de las cosas por venir. Me caducó el certificado de discapacidad —la *Blue Badge*—, y para renovarlo tenía que hacerme revisar por algún médico que no fuera el mío de cabecera. Sabrá Dios por qué, considerando que el deterioro en el tobillo y en la parte inferior de la espalda es irreversible, pero son las normas, y las burocracias están ahí para preservarlas. Me dieron cita en un consultorio desvencijado por Mill Lane. El lugar olía a tabaco y el doctor era una versión médica del cura de Graham Greene en *El poder y la gloria:* esmirriado, impasible, de clase alta, pero algo venido a menos, como si estuviera pasando por un mal momento y usara las tardes para ganarse un dinero extra. No es que me parezca mal, desde luego, pero, en su caso, todo eso se traducía en menosprecio y fastidio. Me di cuenta, y aun así, en lugar de exagerar mis padecimientos, tontamente intenté minimizar la situación. Cuando fue hasta la puerta del consultorio para verme caminar por la acera, traté de no cojear. Etcétera. Todo ese falso estoicismo que me enseñaron en la escuela. Unas semanas más tarde recibo una carta en la que me comunican que me niegan el certificado de discapacidad, y de pronto toda esa flema se va al diablo y el mundo se me viene abajo. La verdad es que me resulta muy difícil caminar casi cualquier distancia, y me aterra encontrarme por la calle con algún conocido porque si tengo que hacer una pausa para charlar se me congela la espalda y dejo de sentir las piernas. Incluso conducir por Londres es un problema serio. Aun así, nado casi todos los días, lo que me da cierta esperanza y me mantiene más o menos cuerdo. El sol brilló durante todo septiembre y el agua se mantuvo anormalmente tibia —culpa del cambio climático, ¿o qué si no?—, pero hoy por fin bajó de los quince grados. Las gaviotas empiezan a volver —todavía no hay muchas, pero son una señal—, y por primera vez en meses sentí el aire más cálido que el agua, lo que más me gusta. Por si esto fuera poco, dos gaviotines, las aves más hermosas del mundo, volaron en círculos por encima de mí mientras nadaba de vuelta hacia el muelle. Sé que estaban buscando algo para comer, pero volaban con tanta gracia y tanta pureza bajo la luz cegadora que me parecieron una bendición.

Jueves 2 de noviembre, 12°C

El tiempo sigue impecable pero el viento empezó a soplar desde el norte; de noche hace frío y la temperatura del agua por fin está bajando: ayer unos catorce grados y hoy doce. O eso me dice Dermot Greene por correo electrónico: me cuenta que ayer logró nadar dos circuitos completos, veinticinco gélidos minutos. Yo, por mi parte, me quedé en casa, a pesar del tiempo perfecto y de los árboles encendidos. Les echo la culpa a los albañiles polacos que vinieron a hacer unas reformas en el jardín, y al hombre que pasó a arreglar el reloj de la sala de estar, cuestiones que sí o sí requerían de mi presencia. Pero la verdad es que me siento vacío y estoy tan débil y tembloroso que incluso los tres pisos hasta mi estudio me parecen una escalada de las grandes. Mi reino por un caballo. O más bien por una *Blue Badge.*

Miércoles 8 de noviembre, 10°C

Resultó ser gripe. Casi tan violenta, desmoralizadora y larga como la que sufrí en Canadá hace seis años. ¡Y ahí andaba yo, jactándome de los beneficios que le aporta la natación en agua fría al sistema inmune! Se ve que el sistema inmune no es tan inmune a la «burocratitis» aguda. El jueves y el viernes dormí casi todo el día. Me despertaba débil y mareado y me volvía a dormir. No comí nada durante cuarenta y ocho horas, mientras Anne me cuidaba y me atendía, pálida de espanto. El sábado estaba más repuesto y pude bajar a picotear algo. Nos fuimos a la cama temprano. A eso de las doce, Anne se levantó de golpe, quejándose, y corrió al baño. Oí un golpe seco y un gemido. La encontré en el rellano, inconsciente, la boca manchada de vómito, diarrea en el camisón y sobre la alfombra. Pensé que se moría. Era gripe de otro tipo; se la había contagiado un paciente. Turno para ella de caer en cama. Me tocó a mí cuidarla; era lo justo. El resto del fin de semana casi ni nos movimos. Para el martes por la tarde, más o menos, ya nos podíamos desplazar, aunque no como para salir a la calle. Y entonces, el miércoles por la mañana, cuando todavía estábamos frágiles y tambaleantes, llegó la carta del Consejo de Camden. Me negaban la solicitud para la licencia de discapacidad, y la decisión era inapelable. En ese momento pensé: Pues nada, ya está, estos cretinos me han ganado, me rindo. No había imaginado terminar mis días de esa manera. Así que pasé el resto de la tarde redactando un correo electrónico indignado etcétera al presidente del Consejo (con copia a mi abogado, mi médico, bla, bla, bla). Así no se puede escribir un libro; así no se puede escribir nada; así no se puede vivir. Esta mañana me levanté con algo más de fuerzas y fui a nadar. El agua se enfrió bastante durante la semana en que estuve enfermo, así que no me quedé mucho. Pero la magia es la magia, y me siento mejor.

Sábado 18 de noviembre, 8ºC

Hoy me desperté pensando: si fuera un caballo de campo que ya no puede tirar ni hacer gran cosa, o un purasangre que ya no salta ni corre, me sacarían un rato a pastar y después me sacrificarían. Si fuera una mascota doméstica, tal vez tardarían un poco más y armarían más revuelo, pero en cuanto me convirtiera en un incordio también me ahorrarían el sufrimiento. Si fuera un animal salvaje, me atacarían los más jóvenes y me dejarían abandonado a mi suerte. Así como estamos, vivo, tropezándome, le agoto la paciencia a cualquiera y les crispo los nervios a todos, especialmente a mí.

Después salí a una mañana perfecta de finales de otoño: los árboles menguantes, puro dorado, la luz más clara que en el Paraíso de Dante, el agua como la fuente de la eterna juventud, fría y resplandeciente. Bueno, casi: mientras volvía al coche también me tropecé.

Domingo 19 de noviembre

Anoche cenamos comida china en casa de Berenice, que acaba de sumar un nuevo desastre a su lista (además del cáncer y la muñeca rota): chocó contra un poste, volcó y terminó en el asiento del copiloto, sabe Dios cómo. El Volkswagen quedó inutilizable; tuvieron que cortar la chapa para sacarla, aunque ella, de milagro, salió sin más daño que una clavícula fracturada. Tenía un aspecto terrible: ojerosa, trémula, azul oscuro, como un payaso triste con la cara pintada de negro.

Supongo que a nosotros también nos traumatizó el trauma de Berenice: dormí diez horas y amanecí muy maltrecho, todo dolorido, listo para dormir diez horas más. Esta noche vamos al Barbican a ver a Alfred, que interpreta un concierto de Mozart. Anne soñó que lo escuchaba tocar la *Appassionata* y que le salía más hermosa que nunca. No le dije que eso es lo que quiero que toque en mi funeral, pero mientras renqueaba por la cocina, en pésimo estado, me acordé de mi padre postrado, la última vez que lo vi, diciendo así como quien no quiere la cosa: «Creo que me voy». Ni mi madre ni yo nos lo tomamos en serio, pero a la mañana siguiente estaba muerto. Ahora entiendo cómo se sentía. Fuera, otro día hermoso, vivificante; me senté un rato en el jardín a respirar el aire fresco. Pero no logré reunir la energía suficiente para ir a nadar.

Martes 21 de noviembre

Parece que voy cuesta abajo, y rápido. Ayer la natación estuvo perfecta; sol intenso, aire fresco, el estanque para mí solo y el agua a siete grados, que después de todos estos años ya no me parece fría sino más bien tonificante. Pero por la tarde, en Flask Walk, el tobillo cedió de pronto mientras cruzaba la calle enfrente de casa: me fui de morros al suelo y terminé con dos dedos llenos de sangre. Hoy por la mañana volvió a ceder, esta vez en la cocina; me tropecé, me caí y me di un golpe en la cabeza contra un estante de vidrio. Gracias a Dios no se rompió, solo me sacudió y me dejó medio mareado. Qué oportuno, pensé, ya que estaba a punto de salir hacia otro médico para otra revisión para el certificado de discapacidad, y llegar en *shock* me pareció una idea excelente. Veremos. Mientras tanto, son las seis de la tarde y todavía me siento débil y estoy agitado. La cuestión es que me las había ingeniado para seguir con mi vida a pesar de las limitaciones que me impone el cuerpo. Con la *Blue Badge* podía moverme por la ciudad, ir de compras, hacer mis cosas y llegar al estanque para mantenerme más o menos en forma. Sin eso quedaría confinado en casa, deprimido y paranoico de que me pongan multas por estar mal aparcado. Pero lo que más detesto es este lloriqueo trémulo al que cedo ahora. No es para nada mi estilo, gracias.

Miércoles 22 de noviembre, 5,5ºC

El día está fresco, y ahora el agua sí que empieza a sentirse fría. En un rincón del estanque, sobre un salvavidas, estaba posado un cormorán, pero cuando llegué al lugar, ay, había levantado el vuelo. Qué criaturas tan primitivas y extrañas; me fascinan. Quizás un día de estos descubra cómo hacer para acercarme sin que se den cuenta. Un buen objetivo, aunque no va a ser fácil. Una vez en Flask Walk, mientras me demoro con un desayuno bastante tardío, me llaman por teléfono del Consejo de Camden: ¡me renuevan la *Blue Badge*! Doy vueltas por la casa como azorado, todavía con un poco de frío, todavía dolorido, pero con las venas henchidas de sangre. He recuperado mi vida. O lo que queda de ella.

Domingo 3 de diciembre, 6ºC

Tal vez pequé de optimista. La vida que recuperé no es la misma que tenía cuando volvimos de Italia a fines de agosto: descansado, más o menos en forma, dispuesto a trabajar. El tobillo sigue muy inestable, me duelen las articulaciones, tengo espasmos repentinos y mareos que van y vienen, y todo el tiempo estoy agotado, incluso después de dormir mis buenas ocho horas. En otras palabras, la frustración y la depresión provocadas por esta batalla de dos meses contra la estupidez y la burocracia me drenaron por completo y me siento diez años más viejo que hace dos meses. «La literatura es la única conciencia que tenemos», escribe Cheever en sus *Diarios.* Estoy de acuerdo, salvo que no logro escribir. En este momento peleo contra un artículo para Bob Silvers sobre las expediciones y el capitán Scott. Es un tema que me encanta, y no estoy llegando a ninguna parte. Reescribo cada frase una y mil veces, y sin embargo no terminan de salir bien y no puedo sostener el hilo argumental. El agua fría aún me resulta un milagro, pero cuando vuelvo a casa después de mi natación matutina lo único que quiero es dormir. Peor: hasta mi estanque adorado se volvió motivo de paranoia. La semana pasada entraron dos veces en los vestuarios cuando estaban vacíos y robaron la ropa de algunos *habitués.* Nadie sabe quién es el ladrón. Pero, con este tiempo, quién quiere quedarse ahí varado con el bañador mojado… Así que todos andamos un poco nerviosos. El viernes la policía se reunió con los socorristas y hablaron sobre la posibilidad de instalar cámaras de seguridad. A juzgar por cómo me siento últimamente, no creo que llegue a verlas. O a dejarme ver por ellas.

2007

Viernes 12 de enero, 4,5ºC

Atravesamos con éxito Navidad y Año Nuevo; mi hermosa hija tuvo un hermoso hijito y los tres —ella, Danny y el bebé— están sumamente felices; salió *Risky Business,* mi libro de misceláneas, e incluso ya le hicieron una reseña positiva; terminé el artículo para *The New York Review of Books* que me venía acosando desde octubre y lo entregué para la corrección final; mi escritorio está casi prolijo, esperándome a que siga con este libro sobre el trance de envejecer.

Y yo me estoy desmoronando. Tomo un analgésico al día, pero creo que lo único que hace es atontarme. Me duele el tobillo: está cada día más inestable y traicionero, cede ante la más mínima irregularidad y termino aterrizando en el barro. Me duele la espalda; las piernas se me adormecen, se paralizan y dejan de funcionar. Veo mal. Tengo un pésimo sentido del equilibrio. Hasta conduzco como un viejo: con suma prudencia, un poco indeciso, atento a todos los límites de velocidad. Lucho con cada pendiente como si fuera un pedregal escarpado. Gracias a Dios por los tres consuelos de la horizontalidad: el sueño, la natación y el sexo. Sin eso, estaría jodido.

Martes 23 de enero

La cosa empeora. Cerca de la fecha de la entrada anterior me caí cuando volvía de nadar, por donde los Powell —me caí dos veces, para ser exactos—. Hacía varias semanas que llovía mucho y el camino estaba muy embarrado. Por suerte iba con Mike King, que a veces les cuida la casa a los Powell y tenía llave. Así que más o menos me pude limpiar antes de conducir hasta Flask Walk. Me sentí un tonto, y muy humillado, lo que últimamente parece ser mi estado habitual. Puse la ropa empapada en la cesta del lavadero, pero no me di cuenta de que tenía un raspón en la rodilla, y que me sangraba. Se me fue hinchando poco a poco y para el martes de la semana pasada me sentía pésimo. Asumí que era gripe, me metí en la cama y dormí intermitentemente durante tres días. Anne pensó lo mismo hasta que el viernes se dio cuenta de que se me había inflamado la rodilla. Así que llamó al médico, que me dio antibióticos —obviamente me sentaron mal—. Ya pasaron ocho días y fuera hace frío y está despejado —por fin un invierno de verdad, como me gusta—, pero yo sigo muy atontado para salir de casa. Estoy como desconectado de mi vida real. Vale, sí, subo a mi estudio y sigo tecleando este pseudo-diario que podría —o no— convertirse en un libro sobre el proceso de envejecer. Pero esa no es mi vida real. Para que la imaginación se ponga en movimiento y las palabras cobren vida necesito sentirme físicamente vivo; esto es, necesito estar al aire libre y usar el cuerpo. Es como si pudiera ver mejor el mundo y pensar en él con mayor claridad cuando estoy fuera, habitándolo. Así que contemplo Londres desde la ventana de mi estudio —el sol sobre los techos y las chimeneas, las nubes que se van amontonando hacia el sur, los árboles sin hojas movidos por el viento helado— y anhelo estar ahí, absorbiéndolo todo, oliéndolo. Pero en lugar de eso me tengo lástima; estoy inquieto, atontado. Y esa inquietud, desde luego, es síntoma de vejez. Al más mínimo virus piensas: ¿será este? No, no es, por supuesto que no (y si la suerte está de tu lado no vas a reconocer al que efectivamente sí sea), pero en los últimos meses estoy inusitadamente atento a todo tipo de señales y presagios. La cosa parece haber empezado cuando volvimos de Italia —el choque a unos kilómetros de casa, después la gran charada de la *Blue Badge*—, así que ahora veo mi vida reciente como dividida en dos momentos: AC y DC (Antes de Camden y Después de Camden). Y entre ambas etapas, un Cerbero (o un Caronte): el médico desaliñado de Mill Lane.

Jueves 25 de enero, 3ºC

¡Al fin volví! Tenía intenciones de nadar ayer, pero cayó la primera nevada de este invierno, así que lo dejé pasar. Desde luego me sentí un flojo, pero todavía andaba medio raro y enclenque, como un muñeco roto, así que ¿qué más da? Por fin, a mis setenta y siete años, tomé una decisión que podría ser catalogada de adulta. Hoy hacía más frío, pero estaba un poco más bonito, ya no era como uno de esos días en que Beowulf tiene que enfrentar a Grendel, así que fui y estuvo muy bien. Le tocaba la guardia a Terry; daba órdenes, como siempre. La mía fue: sé lo más breve posible. «Métete al lado del trampolín y nada hasta los escalones», me indicó. Casi cinco metros. Pero hice lo que se me dijo, estuve dentro tan poco tiempo que no llegué a saber si el agua estaba fría o no, y salí restablecido. Me encontré con los sospechosos de siempre: fue un placer verlos, y ellos también parecían contentos de volver a verme a mí.

—¿Estuviste enfermo? —me preguntó Billy, el escayolista—. ¿Un hueso tan duro de roer como tú? Para matarte haría falta una bala.

Esta semana salió *Risky Business* y ya cosechó algunas críticas positivas, pero no me levantaron el ánimo tanto como ese recibimiento.

Miércoles 31 de enero, 3°C

Otra vez estoy nadando de seguido tras esa pausa obligada de diez días. Hay sol, el agua está helada, salgo feliz y radiante, pero cuando termino casi no logro subir la cuesta para volver al coche. Es una distancia menor de la que acabo de nadar sin ningún esfuerzo, pero ahí soy otra vez un viejo. Arrastro los pies, tentativamente, el viento me humedece los ojos, le presto atención a cada paso porque la más mínima irregularidad en el suelo puede hacer que el tobillo ceda y que yo aterrice en el barro. Corrección: me limito al sendero de asfalto y evito el barro, incluso el de la pendiente cubierta de césped tan bonita que hay entre las hayas. Soy como una de esas aves acuáticas de Hans Christian Andersen que se transforman cuando tocan tierra; un pato, desde luego, no un cisne.

Miércoles 7 de febrero, 2,5°C

Por fin una sucesión de días resplandecientes y fríos. Amanece oscuro y brumoso, pero a eso de las diez la niebla se disipa y el mundo entero brilla. Anoche, de madrugada, cuando volvía de la fiesta de inauguración del nuevo club de póker de Roy Houghton, pasaban los camiones echando sal por las calles de Hampstead. Esta mañana, aunque llegué tarde, todavía quedaba escarcha en los senderos y en el muelle, y había hielo en la otra orilla. Las mujeres tuvieron que usar nuestro estanque porque el de ellas se congeló por completo. Pero asomó el sol, el agua estaba hermosa y yo salí contento.

Aun así, vengo teniendo pesadillas. Y no solo esas pesadillas habituales sobre las humillaciones habituales de la vejez:

trenes que se van, amigos perdidos, olvidos, indigencia, harapos en lugares elegantes, calzoncillos tiznados de mierda. De esas he tenido toda la vida, y casi siempre están ambientadas en Glenilla Road y en esos sueños todavía soy un niño. Ahora está brotando una ansiedad nueva y de floración tardía: la culpa de no haber hecho todo lo posible con lo que me fue otorgado.

La primera reacción de Bertrand Russell frente a la vejez, durante los primeros días de la Guerra Fría, fue promover un ataque nuclear preventivo contra la Rusia soviética. Después dio un giro radical y se convirtió en uno de los defensores más activos de la Campaña para el Desarme Nuclear. En aquella época todos, jóvenes y viejos, creíamos que teníamos los días contados, y que algún Dr. Strangelove —propio o ajeno— iba a apretar el botón y nos iba a reducir a cenizas. Yo en aquel momento era joven, arrogante y despectivo con los viejos, y me acuerdo de que pensé: las posturas de Russell están motivadas por la edad, no por la política; ahora que tiene que enfrentarse a la muerte, lo primero que quiere hacer es destruirla antes de que ella lo destruya a él; y como entiende que no lo va a lograr, la quiere postergar para siempre, quiere prohibir las bombas y con ellas la muerte misma. Cuarenta y cinco años después empiezo a entender sus motivos. Una vez comienza la cuenta atrás, la muerte se te instala en los pensamientos, quieras o no. Yo, por mi parte, siempre estuve demasiado absorbido por el arriesgado oficio de vivir como para preocuparme por el oficio de morir, pero ahora, por los márgenes, veo cómo empiezan a colarse las premoniciones.

Cuando era niño, comía lo que me sirvieran —estaba al cuidado de Nanny, qué otra alternativa tenía—, pero las carnicerías me causaban horror; algo entendible, ya que siendo un bebé había tenido que pasar por el cuchillo. Durante la guerra había una en Finchley Road, cerca de West End Lane, que vendía carne de caballo al margen del sistema de racionamiento. Iba hasta allí en bicicleta a comprar un poco para el perro de mi madre. El lugar estaba repleto de animales muertos, enormes, de carne oscura, que desprendían un olor horrible, y siempre tenía que hacer una cola bastante larga para que me atendieran. Tuve pesadillas con ese local durante años, y todavía hoy las carnicerías me dan un poco de náuseas. Hace poco reapareció esa aversión. No es que me haya hecho vegetariano, pero dejé de comer bistecs, y tengo escalofríos cuando pienso que matamos animales para alimentarnos, aunque los sigo comiendo. Creo que estos nuevos escrúpulos aparecieron hace unos años, durante la epidemia de aftosa, cuando los noticieros no paraban de mostrar piras inmensas y humeantes hechas de animales muertos. Parece que ahora, con la amenaza de la gripe aviar, empezaron de nuevo. Sacrificaron dieciocho mil pavos. Cuesta imaginarlo: dieciocho mil cadáveres gaseados, apilados como basura en camiones rumbo al incinerador. Me salvé del Holocausto judío por pura casualidad y ahora, cuando ya se me está acabando el tiempo, veo cada noche por televisión un nuevo holocausto.

Sylvia escribió: «Morirse es un arte, como todo lo demás». Y Claudio, en *Medida por medida,* se jacta: «A las tinieblas abriré los brazos, y las estrecharé como a una novia». Como poesía resulta potente, pero no es más que arrogancia juvenil, tan hueca como esa frase de Peter Pan: «Morir será una gran aventura». Morirse no es una aventura, es un cierre; no es un asunto importante sino más bien el final de todos los asuntos. Aunque puede que después cambie de opinión, para mí en este momento la parte más difícil no me parece la muerte en sí, sino el deterioro que la precede, que empieza con la pérdida de las destrezas físicas más elementales (en mi caso: caminar), cosas que hasta ese momento uno había dado por sentadas. Después están los dolores y los achaques perpetuos que llegan con la vejez. Si no los sientes al despertarte, dicen, es porque estás muerto. Pero a partir de cierta edad nunca te despiertas sin esos dolores, y hay que reajustar la propia vida para hacerles hueco. He aquí la paradoja: el cuerpo duele cada día más en el momento exacto en que el mundo, del que estás a punto de despedirte, se vuelve más bello, más conmovedor, más placentero, más deseable.

Viernes 16 de febrero

Hace unas semanas terminé un artículo largo sobre el capitán Scott para *The New York Review of Books.* Bob estaba muy entusiasmado con el texto y yo corregí las pruebas con todo esmero. Desde ese momento, nada. Anoche soñé que había llegado el último número de la revista, y que en portada, bien grande, decía «Al Alvarez sobre mí mismo». Sentía una vergüenza tremenda. Mi reacción inmediata fue asociarlo con las reseñas largas, positivas y completamente inesperadas que viene recibiendo *Risky Business.* Desde luego estoy muy feliz además de sorprendido, y desde luego vengo minimizando esa felicidad. Ayer, los de Bloomsbury me mandaron por correo electrónico un par de golosinas más, que imprimí puntualmente. Una en particular era muy halagüeña, así que hice una copia extra para Anne, que está mucho más contenta que yo por las buenas críticas, y de inmediato me dio pudor. Anda hasta arriba de trabajo, pero ahí iba yo buscando elogios por los elogios. Igualmente, tenía motivos para sentir pudor, porque cuando le conté el sueño su reacción fue: «Eres muy severo contigo mismo». Una respuesta con la delicadeza exacta como para confirmarme que había hecho bien en sentir vergüenza.

¿Qué haría sin ella? Después de casi cuarenta y cinco años nuestras vidas quedaron tan entrelazadas que ni siquiera me imagino cómo sería estar muerto sin ella, así que ni hablemos de seguir vivo sin ella. Lo que sir Henry Wotton escribió sobre la esposa de su amigo sir Albert Morton también sirve para nuestro caso: «Él se fue primero, y ella un rato lo intentó | sin él; no halló mucho placer, entonces murió». La insoportable vacuidad de ser sin ella. Nuestros hijos nos quieren, no lo dudo, pero ahora tienen que seguir con sus vidas, con o sin nosotros.

Martes 6 de marzo, 7,5ºC

Dicen que este fue el inverno más cálido del que se tenga registro; pero húmedo, terriblemente húmedo. Llueve, las reservas de agua, secas durante el verano, están ahora que desbordan, y Thames Water ya no tiene excusas para justificar los cortes en el suministro. Poco a poco el agua en el estanque va perdiendo el filo. Cada día me quedo un rato más, y cuando salgo, hasta parece que el sol calentara de verdad. Ahora mismo está como a mí más me gusta —agua fría, aire tibio—, pero no es un buen augurio para el verano. Estoy demasiado viejo para las olas de calor.

Jueves 8 de marzo, 8ºC

De pronto hace un calor de verano, aunque solo sea por un día. Para celebrarlo y ejercitar las piernas, que crujen un poco, nado en diagonal hacia la otra orilla, hasta la soga. Al llegar hago una pausa para disfrutar de la vista a nivel del agua, y ahí mismo, a unos metros, se están apareando dos cisnes. Él la monta, breve agitación, y otra vez uno al lado del otro, los cuellos enroscados como si se estuvieran besando. No dura más de un minuto. Después se separan y cada uno se va majestuosamente para su lado; desde un salvavidas cercano, un cormorán los mira con desdén.

Miércoles 14 de marzo, 8,5°C

Camino cada vez peor. Si estoy de pie, me duelen las piernas; en la cama, se me acalambran. Pero este tiempo primaveral hermoso no cede, el agua está a ocho grados y medio y sigue subiendo, así que dupliqué mis cincuenta metros invernales de ida y vuelta y ahora nado un circuito triangular. Esto me fortalece las piernas y me alivia los dolores. Ayer después del estanque tenía cita en el acupunturista; salí caminando como corresponde, o algo así. El viernes pasado, sin embargo, fui al Reform para festejar los noventa años de Betty, lo que supuso estar mucho tiempo de pie o apoyado en el bastón hablando de tontunas con gente a la que no tenía tantas ganas de ver. Al día siguiente amanecí tan arrasado y confuso que casi no podía salir de la cama. Fue el colmo para Anne. Vive con el presentimiento constante de que se acerca una catástrofe, y quiere estar preparada con mucha anticipación, así que rastrilló por Internet y terminó comprando una silla de ruedas ultraliviana, básica, de esas que se pliegan y se pueden llevar a cualquier parte. La trajeron esta mañana. Ayer por la tarde fuimos a la recepción que organizaron en la National Gallery para la muestra de Leon Kossoff y, para no repetir la debacle del Reform, pedí que me prestaran una silla de ruedas —quería ver los cuadros como corresponde, sin caerme—. Lo agradecí debidamente, pero hoy, otro de esos días hermosos de primavera, al ver en casa mi propia silla de ruedas siento como si hubiera dejado entrar a la peste. Me acuerdo del horror de mi madre cuando le pasó esto mismo a ella. La cosa estuvo arrumbada en el vestíbulo de casa durante meses antes de que pudiera tolerar la idea de que yo la sacara a dar una vuelta. Ahora entiendo por qué. La mía tiene un armazón de aluminio brillante, ruedas blancas y asiento azul acolchado, pero a mí me parece la Muerte Negra, el fin de todo.

Martes 27 de marzo, 8,5ºC

La semana pasada tuvimos otra ola de frío, incluso con un poco de nieve que arrasó las flores precoces, pero ahora la primavera volvió con fuerza: hay sol, el aire está cálido; el agua fría, afilada, vivificante; las puntas de las ramas hinchadas y erectas, con las hojas a punto de estallar. Mejor, imposible, de verdad. O debería decir: eso siento mientras nado, me seco y me visto. Después, cuando renqueo hasta el coche, el tobillo cede dos o tres veces, y el mínimo trayecto a casa desde donde estaciono, en Gayton Road, me cuesta más que la pendiente final hacia la cima del Everest. Antes de avanzar los últimos metros hago una pausa a los pies de la escalera de casa y miro a la calle. Dos mujeres jóvenes muy amables ayudan a una anciana lisiada que casi no se puede mover. No querría terminar como ella. Por el momento soy un hombre feliz. Es un día precioso, nadé muy bien, estoy felizmente casado con una mujer adorable y que me quiere mucho. Me gustaría irme de esta vida mientras todavía puedo hacer el amor con ella y nadar en las aguas frías del estanque, conservando un resto de amor propio. Mi padre tuvo suerte: murió de un ataque al corazón cuando todavía era un señor brioso de setenta y dos años, lleno de proyectos, con una novia a la vuelta de su casa; mientras que mi madre, pobre, que adoraba salir a caminar, aguantó hasta los ochenta y cuatro y se murió muy despacio, inválida y tristísima. El truco consiste en retirarte cuando todavía vas ganando, porque esa racha no dura para siempre. A medida que uno envejece va perdiendo las cosas que le resultaban más valiosas, y tiene que hacer lo que puede con lo poco que le dejan.

Jueves 29 de marzo

Anne volvió de Israel el lunes pasado. Le tradujeron *Live Company* al hebreo, y es un gran éxito; para celebrarlo dio una conferencia ante ochocientas personas. «Ya habíamos recibido a varios analistas —me contó uno de los organizadores—, pero esta vez fue distinto, como si se presentara una estrella de rock». Estaba feliz, por supuesto, pero ya había ido muy cansada a dar la charla, así que cuando volvió a casa estaba directamente exhausta. Esa tarde tuvo fiebre —gripe, por lo visto—. Durmió hasta la tarde-noche, cuando le subí algo de cenar, y después se durmió otra vez. Ordené un poco la cocina y saqué la basura, pero al entrar se me aflojó el tobillo, me caí en el vestíbulo y no me pude volver a levantar. Me retorcí para un lado y para el otro, pero cada vez que hacía fuerza sobre ese pie volvía a ceder. Todo esto en silencio, por supuesto, para no despertar a la paciente de la planta superior. Así que ahí me quedé, resoplando un rato hasta que logré pasar el peso a la otra pierna y con la ayuda de la silla que hay en el vestíbulo pude levantarme. Cómo han caído los poderosos. ¡Literalmente! Ella allá arriba, exhalando lo que parecía ser su último suspiro, yo revolcándome sobre la alfombra, como una ballena varada. Hasta los viejos de Sam Beckett tienen más dignidad.

Sábado 14 de abril, 10 °C

De lo que nadie habla es de la frustración que causa la vejez, de la humillación constante, de la ira ciega que genera. Ayer mismo, por ejemplo. La noche anterior había trabajado hasta muy tarde —retomé, por fin, este libro que no estoy logrando escribir; hasta pensé que podía llegar a reencaminarlo—, y esta mañana me despertaron muy temprano. Era el cartero. En lugar de ir a nadar, como siempre, para sacarme de encima los dolores matutinos, hice un poco de ejercicio y subí directo a mi escritorio con la esperanza de retomar el texto donde lo había dejado. Desde luego, no sucedió. Luché denodadamente, cada vez con mayor impotencia, hasta las dos de la tarde, cuando vino un estudiante de Periodismo a hacerme una entrevista. Un chico muy despierto y diligente, pero demasiado joven —era la primera entrevista de su vida—, así que me tuve que esforzar bastante para hacerlo sentir cómodo. Después todo fluyó muy bien y charlamos durante dos horas. En cuanto se fue, volví a subir a mi estudio, con la ilusión de retomar la frase que no había logrado escribir antes. Pero para ese momento estaba débil, deshidratado y con hambre. Me incliné para levantar un libro, me mareé, perdí el equilibrio y me caí sobre dos cajones abiertos del escritorio. No me lastimé, pero el marco del cajón de arriba terminó tan torcido que ya no abre ni cierra, y el de abajo quedó completamente cerrado y no puedo desatrancarlo. Durante dos horas ataqué el cajón superior con pinzas y martillo, tratando de doblarlo para que recuperara alguna clase de forma que me permitiera volver a usarlo. No tuve suerte. Así que empecé a quitarle cosas para aligerarlo un poco. Tiré casi todo el contenido —ensayos viejos— menos los textos que no reaparecieron en *Risky Business.* Terminé justo cuando Barbara tocaba el timbre para ir a cenar. La caminata hasta el restaurante chino me resultó difícil; la vuelta, dificilísima. Esta mañana, cuando fui al estanque, me dolían tanto las piernas y la espalda que pensé que no iba a poder llegar hasta el coche. Un paso, pausa, otro paso. Como si estuviera subiendo el collado sur del

Everest. Hay gente de noventa años que se mueve mejor que yo. Este estado no solo me deprime: me enfurece.

Jueves 10 de mayo, 16ºC

En abril hizo un calor antinatural, pésimo augurio para el verano; ahora mayo nos trae las lluvias de abril, sopla un viento frío y el agua está más cálida que el aire. El espino en el jardín delantero de casa está glaseado de flores, pero a causa del frío no se huele nada, así que parece que este año me pierdo mi perfume favorito y me voy a tener que conformar con las velas de los castaños de Highgate Grove y con el toldo oscuro y titilante del haya roja en la cuesta camino al estanque. Yo, por mi parte, empeoro a una velocidad perturbadora. En posición horizontal estoy bien —en la cama, o nadando—, pero de pie es terrible. El fin de semana pasado fui a Oxford para una conferencia de *The New York Review of Books:* la caminata entre el hotel Randolph y la biblioteca de la Union —apenas doscientos metros— me resultó agotadora y dolorosa. Las piernas ya no me funcionan bien, tengo muy mal equilibrio, no puedo enderezar la espalda, levantar los brazos ni girar la cabeza para mirar hacia atrás. Pero insisto: mi madre estuvo exactamente igual en sus últimos años, y la pobre Sally terminó en silla de ruedas y con un collarín. Así es la vejez en mi familia. Huelga decir que la gente, apenas me ve, trata de ayudarme: me ofrece el asiento, un brazo firme, una mano amable. Mi primera reacción es sacármelos de encima. Pero solo durante un instante. Después acepto lo que se me brinda y lo agradezco.

Viernes 11 de mayo, 16ºC

Los indicios estaban ahí, pero elegí no verlos. Aquel 11 de mayo todo cambió. O, mejor dicho, todo terminó, porque ahora, seis semanas más tarde, mi vida está prácticamente desmantelada: las piernas no me funcionan bien, tampoco los dedos, me falla la memoria, mi sentido del equilibrio está dañado.

Así sucedieron las cosas. 2 de mayo: torneo de póker en el Loose Cannon para presentar el libro de Tony; el primer premio eran cinco mil libras para entrar en el World Poker Tour de Barcelona; el segundo era un ejemplar del libro, que yo ya tenía (tercer premio: dos ejemplares); quedé segundo (por supuesto) y me fui a dormir a eso de las tres de la mañana. 4-6 de mayo: la conferencia agotadora de *The New York Review of Books* en Oxford. Jueves 10 de mayo: póker en lo de Feinstein, a la cama tipo una de la mañana, dormí mal. 11 de mayo: nadé, después trabajé unas seis horas preparando una conferencia para un festival de poesía en Oxford al día siguiente. A las 18:30 estaba agotado, pero Anne se había ido con Kate y el bebé y no iba a volver hasta las 19:30, así que me apunté en un torneíto *online* de póker Omaha, suponiendo que iba a estar repleto de dementes y que me iban a eliminar enseguida. No me equivoqué sobre la locura de los jugadores, pero terminé ganando. De modo que no cené hasta las 21:30, cuando ya estaba literalmente sin energía. Anne había comido antes y miraba la tele en la habitación, así que me llevé una bandeja arriba para hacerle compañía. Tomé un par de cucharadas de sopa, me incliné hacia delante para cargar una tercera, pero me deslicé de costado, me caí de la silla y no me pude volver a levantar. Igual que el episodio en el vestíbulo un par de semanas antes, salvo que esta vez no lograba recuperar ni la sensibilidad ni la fuerza. Anne llamó a la ambulancia. Entre los paramédicos había una socorrista a la que conocía, lo que me animó un poco. Me llevaron al Royal Free, un hospital horrible. Hasta ahí llegaron nuestros planes para las conferencias del sábado (la mía en Oxford y la de Anne en Mánchester).

Sábado 12 de mayo — Martes 22 de mayo

Los hospitales me causan espanto, y el Royal Free es verdaderamente espantoso. Durante los primeros días soy una herramienta pedagógica para que practiquen los estudiantes de Medicina: los mismos análisis una y otra vez con los mismos resultados. Tengo mala coordinación visual y pésimo equilibrio. ¿Cuál es entonces la novedad? De todo este asunto, un aprendizaje. Le estaba describiendo a uno de los médicos cómo había sido el día que terminó con el ACV —pocas horas de sueño, natación, seis horas de trabajo, tres horas de póker *online*—, cuando me dijo: «Señor Alvarez, ya tiene setenta y siete años. ¿Por qué sigue trabajando seis horas?». «Porque no me queda otra», le contesté. Pero el médico tenía razón. ¿Por qué lo hago?

No le dije que incluso tenía trabajo pendiente para hacer ahí mismo: dos libros recientes de Ian McEwan con los que sufrir un rato antes de sentarme a reseñar, a petición de *The New York Review of Books,* el último: *Chesil Beach.* No es algo que me reporte un gran placer. La edad y el éxito le desafilaron la imaginación y le opacaron la prosa. En tiempos era subversivo, provocador; desbordaba energía y humor negro. Ahora es sensato y autocomplaciente, algo que no necesito en mi situación actual. Así que leo *Expiación* y *Sábado,* que son una forma de pasar el rato y me hacen perder la paciencia pero me distraen del desastre en el que estoy metido.

¿Y cuál es ese desastre? Tomé algunas notas esporádicas, pero solo cuando salía a respirar un poco de aire fresco, empezando por la sala de admisión el domingo 13 de mayo: una vida submarina, sin energía, sin apetito, sin iniciativa y absolutamente sin fuerza. Me cuesta mucho sentarme; ponerme de pie es una empresa mayúscula. Necesito lavarme los dientes, ducharme o, mejor aún, nadar. ¡Qué iluso! Después de dos días todavía no me dieron ni una toalla. Somos cuatro en el pabellón, todos viejos. En las camas de enfrente hay un escocés y un irlandés. Los dos parecen borrachos de época y aparentemente hicieron buenas migas: se pasan el día contándose anécdotas y riéndose a carcajadas. El cuarto paciente es más viejo: una especie de Alf Garnett muy agresivo y hosco; usa unas gafas redondas que le dan aspecto de batracio. Es sincera, intensa y profundamente aborrecible, y se pasa el tiempo despotricando contra todos, en especial contra los extranjeros. Cuando un enfermero filipino medio áspero le dice, imprudentemente, que huele mal —lo que tal vez sea cierto, igual que yo, sin duda, porque por lo visto bañarse no es una posibilidad en este hospital—, grita como loco, y después se queda jadeando estrepitosamente, vocalizando cada respiración. Tiene una furia ilimitada e incesante. Parece salido de otro universo. Pero así son los hospitales y las cárceles: mundos adyacentes pero separados. Muevo una silla de las que hay en la habitación y aterrizo en una civilización distinta. La división entre ambas es delgada como un pañuelo de papel, pero absoluta. Si miro por la ventana, puedo ver ahí abajo el mundo de siempre —tráfico, gente que va y viene, los árboles altos y quietos del Heath—, pero ya no parece real, y no me llegan sus sonidos. Quizá mis años en Oundle me prepararon para todo esto, pero aquello fue hace demasiado tiempo. Así que terminar desterrado de la vida repentinamente y sin aviso desconcierta muchísimo. Es como si te alcanzara un rayo, o un ladrillo. Tenías una vida, y después otra completamente diferente que debe ser vivida en términos también muy diferentes.

Este es un lugar extraño. Los médicos y los estudiantes cumplen con las rutinas de rigor y cada tanto se interesan simbólicamente por el aspecto humano de todo el asunto, aunque solo sea porque es una parte nominal de su trabajo. Las enfermeras, en cambio, ni se molestan en fingir. Es como si jamás les hubieran explicado la noción de delicadeza. Tal vez deba considerar este período en el hospital como si fuera parte de una investigación, un ejercicio para mi libro sobre la vejez, el único ejercicio que puedo hacer ahora, por otra parte.

Sábado 19 de mayo

Una semana desde que llegué; ya terminaron con casi todos los análisis y me podría ir ahora mismo si los carpinteros del Consejo de Camden hicieran unas mínimas reformas de seguridad en casa —nada demasiado complicado, solo unos pasamanos adicionales y cosas así para que las escaleras me resulten más accesibles—. Pero como no trabajan los fines de semana me tengo que quedar ocupando una cama, usando recursos médicos y malgastando los fondos del Consejo porque eso les parece burocráticamente más simple que pagarle horas extra a un tipo con un destornillador. Así que aquí me quedo, en exhibición para las huestes que vienen a visitarme: Jane Kramer, enérgica y generosa; después Adam, que llegó desde Italia; y Violet, desde Estados Unidos. Anne está siempre conmigo, claro, yendo de un lado para el otro, entre sus pacientes y sus alumnos, amorosa, animada y muerta de preocupación. Por la noche, cuando creíamos que íbamos a tener un rato para nosotros dos solos, apareció una delegación de socorristas de los estanques —Tony, Shane y Glynn—, muy alegres y con regalos: una tarjeta firmada por toda la banda (un chiste sobre los olvidos de la vejez), una revista porno para «mayores de cincuenta» llena de obesas desnudas con tetas inmensas, y —lo mejor de todo— una botella con agua del estanque, debidamente fechada y certificada. En otras palabras, cosas que les demandaron cierta imaginación, que les llevó tiempo conseguir y que les divirtió hacer. Me levantaron el ánimo más de lo que hubiera creído posible en este lugar tan descorazonador. También me recordaron algo que dijo Fellini en una entrevista que dio en el hospital mientras se estaba muriendo: «Antes de caer enfermo, no sabía que me querían tanto. No puede ser solo por las películas. Debo haber hecho alguna otra cosa, pero no logro recordar qué». Me encantaría que se pudiera decir lo mismo de mí. En aquel reportaje, Fellini también revelaba el secreto que nos aflige a todos a medida que envejecemos. Cuando le preguntaron qué era lo que más extrañaba, contestó: «Me extraño a mí. A quien era antes». Yo también me extraño: el tipo que nadaba, escalaba, jugaba y se divertía como loco. Y me gustaría haber hecho alguna cosa bien. Fellini no es mala compañía.

Domingo 20 de mayo

Casi todas las mañanas a eso de las diez se dispara la alarma de incendios, aúlla una media hora y después para. Nadie le presta atención, y nada se está quemando, pero nos vuelve locos a todos. Quizás esté precisamente para eso: para garantizar que la vida en el hospital resulte intolerable. Es como convivir con un chico autista. Hoy, sin embargo, un indulto vespertino: almuerzo en lo de Betty y comida de Panzer's con Kate, Danny y Cassius —una delicia llena de delicias—; me ensanchó el corazón. Después Anne me llevó a la consulta de Iga; una consulta larga para aliviarme los múltiples achaques. En mi ignorancia de cualquier asunto médico, supuse que los dolores eran producto del ACV. No tanto, me dijo Iga, los ACV no duelen. Los dolores —muchos y muy terribles— son culpa de las camas de hierro y de las almohadas, duras como las tablas de piedra que Moisés bajó de la montaña. Te curvan la espalda, te arruinan la postura, te retuercen, te descalabran, y después la inactividad forzada te mantiene así. En otras palabras, el problema no fue el miniataque, sino el hospital y la demora infinita antes de conseguir el alta.

Hicieron falta dos días más para librarme del Royal Free. Anne me llevó en coche a Flask Walk, donde nos esperaban Kate y Cas. La casa estaba fresca y en penumbra; los cuadros en las paredes, pintados por amigos, me parecieron una fiesta de bienvenida, y cuando después de diez días sin música encendí la radio, justo en mitad de un concierto clásico, lloré como un niño. Más tarde, mientras cenábamos los dos solos, Anne también lloró desconsoladamente.

—Lo he pasado fatal —me dijo entre sollozos—. Fatal. Porque te quiero.

La abracé, la besé en la cabeza y le dije:

—Sí, yo también lo he pasado fatal, porque yo también me quiero.

Y con eso bastó. Nos reímos hasta quedarnos dormidos, como en los viejos tiempos, aunque al día siguiente (y durante varios días más) sigo débil y tan inestable como mi nieto recién nacido.

Domingo 24 de junio, 22 °C

¡Por fin! ¡Por fin de vuelta al estanque! Todavía no me dejan conducir, así que me llevan Olaf y Luke —que después se van a escalar en el rocódromo, como hacen cada semana—. Aunque todas las mañanas he estado haciendo un poco de ejercicio moderado, además de pedalear obedientemente en esa bicicleta estática tan monótona, siento las piernas débiles, tengo un equilibrio muy pobre y camino como un preso borracho entre dos policías: me apoyo en el hombro de Luke mientras Olaf avanza al lado con pies de plomo, por si me caigo hacia el otro costado. Llego una hora más temprano que de costumbre, así que en los vestuarios no hay ningún conocido, pero está Terry de turno y me da una bienvenida muy afectuosa. Insiste en que me meta desde la plataforma que está al nivel del agua, donde los socorristas amarran el bote, y estoy tan contento por el mero hecho de haber ido que ni discuto. Nado solo hasta el primer salvavidas, con Luke y Olaf, uno a cada lado: parezco un viejo acorazado escoltado por dos destructores. Pero qué importa. ¡He vuelto!

Dos entrevistas en la radio:

1. P: ¿Quién quiere vivir hasta los noventa?
   R: Cualquiera que tenga ochenta y nueve.
2. P: ¿Qué le resulta más raro de tener cien años?
   R: Tener un hijo de setenta y cinco.

Jueves 6 de septiembre, 17ºC

Con Anne al estanque mixto por primera vez en un año. Pero ahora ya no puedo caminar esa distancia. Me tiene que empujar casi todo el trayecto en la sillita de ruedas ultraliviana que compró hace meses, por si las moscas, y que desde aquel momento esperaba su turno, ominosamente, en el salón de casa. Nos tomamos el asunto en broma, desde luego, pero ¿qué otra opción queda? Es una mañana sin nubes, los árboles susurran sobre el estanque, las hojas están densas y polvorientas, aunque todavía indiferentes al otoño. Un reino pacífico, hasta las aves acuáticas depusieron las disputas y el escándalo. El agua ambarina está tibia y agradable, pero turbia. Si bien en las seis semanas que estuvimos en Italia nadé todos los días en la piscinita, ahora no consigo hacer ni la mitad de lo que nadaba hace un año. ¿Y qué? El año pasado está muerto y enterrado, y cuando llegué a Paradiso casi no lograba nadar ni diez metros. Lo único que puedo hacer ahora es tratar de seguir, construir sobre lo que ya tengo e intentar no recaer. Aun así, el esfuerzo es enorme y el traslado, muy humillante; no creo que vuelva a este estanque, aunque el lugar me encanta y vengo a nadar aquí desde que era un niño de once años.

Sábado 3 de noviembre, 11ºC

Todavía sigo nadando, por supuesto, pero solo en el estanque de hombres, y la mínima cuesta desde el sendero hasta el coche se me va haciendo paulatinamente más complicada a medida que yo, menos paulatinamente, me voy desmoronando. Ahora, en lugar de apoyarme en un hombro, uso dos bastones, y casi no puedo confiar en el tobillo, aunque al menos ya no ando doblado como un signo de interrogación, como cuando salí del hospital. Puede que no esté avanzando hacia la recuperación —ya no hay recuperación posible tan abajo en la pendiente—, pero estoy más erguido que antes y eso me hace sentir bien. El otoño fue espléndido, tranquilo y luminoso, y la natación es perfecta: agua fría, reparadora, y un sol sin nubes para secarse. Estoy completamente feliz hasta que la lucha para volver al coche me recuerda mi verdadero estado. El truco consiste en hacer una pausa antes de empezar a trepar, enderezarme, contemplar cómo los árboles van cambiando de color y perdiendo las hojas poco a poco y registrar lo bien que me siento después de nadar y el placer que me da estar vivo en un día tan apacible y hermoso. Ojalá escribir me resultara así de placentero.

Martes 6 de noviembre, 9ºC

Los árboles siguen perdiendo las hojas, y ahora ya son casi de oro puro. También el haya roja está dorada: resplandece, es un cono de fuego inmenso y brillante, totalmente dorado. Después de un veranillo de San Martín bastante largo, el tiempo ha cambiado de golpe y el agua se ha enfriado. Ayer estuvo nublado, con un viento cortante, y cuando llegué a casa todavía temblaba un poco. Hoy nada se mueve, la superficie del estanque parece de cristal y, aunque el agua está negra y fría, un sol bajo la hace brillar: es como nadar en oro líquido. Este es el reino de los vivos. Puro deleite.

Viernes 23 de noviembre

El agotamiento, o su amenaza, se está transformando en mi estado permanente. La semana pasada fui a Kendal para participar en el Mountain Literature Festival, un encuentro muy hermoso y ameno en el que compartí un panel con Andy Cave y Greg Child, dos montañistas famosos que subieron rutas difíciles por todo el planeta. Escalan a un nivel que yo no hubiera soñado alcanzar ni siquiera en mis años más temerarios, y sin embargo, por el libro que escribí sobre Mo Anthoine, me trataron como si fuera uno de ellos, con un respeto amistoso que cuando era más joven anhelaba pero que nunca obtuve ni merecí. Advertidos por Anne, los organizadores me mimaron más de lo que me hubiera mimado mi niñera en un mundo ideal —es decir, si mi niñera hubiera tenido alguna inclinación hacia los mimos, cosa que no—. Me encontré con viejos amigos escaladores que no veía hacía años, me dejé llevar por Russ Andrews a escuchar sus extraordinarios equipos de alta fidelidad, me sirvieron vino, me alimentaron y lo pasé estupendamente. El viaje no supuso ningún esfuerzo, cuatro horas cada tramo en un tren muy cómodo: veintiocho horas en total. Aun así, me agotó. El domingo no hice nada en todo el día. El lunes por la mañana, como de costumbre, fui a nadar. El tiempo estaba horrible —agua fría (siete grados), viento frío, lluvia torrencial—, lo que me volvió a liquidar. A la mañana siguiente, la misma cortina de agua, así que me quedé en casa y perdí todo el día con la nueva conexión de banda ancha, y después desperdicié la noche jugando obedientemente al póker *online.* Me fui a dormir tarde y exhausto. El miércoles por la mañana el cielo estaba limpio; traté de nadar. Pero tenía tal agotamiento que casi no llegué ni al baño, así que volví arrastrándome a la cama y me dormí otra vez, muy profundamente. Unas horas más tarde me despertó la alarma antirrobo, sabrá Dios por qué —Anne no la había activado al salir para la Tavistock—. Me costó mucho bajar la escalera, y cuando llegué me sentía tan débil que no podía ni mover los abrigos que ocultaban el teclado. Estaba en calcetines, e hice tal esfuerzo para mover la ropa que me resbalé sobre el linóleo y terminé sentado en el suelo del vestíbulo, incapaz de levantarme. Allá vamos otra vez, pensé: el preludio de otro ACV. Como en los viejos tiempos. A la larga, y muy poco a poco, logré ponerme de pie, apagar la alarma y renquear de vuelta a la cama. Dormí como un muerto durante el resto del día. Pensé que era cansancio acumulado, pero tenía la cabeza caliente y no quería comer, así que debe de haber sido gripe y no un achaque agudo de vejez. Sea lo que fuere, al día siguiente todavía andaba medio atontado, y al otro también. Ahora ya se está acabando la semana y aún no he salido de casa.

Lunes 26 de noviembre, 4,5ºC

Para cuando llegó el domingo, ya no aguantaba más, me moría por un poco de aire fresco y de ejercicio, y además ya me sentía mejor. Entonces llamó Ruppert para preguntar si quería que me llevara al estanque: y para allá que fuimos, con Anne en el asiento del copiloto. El agua estaba fría, negra y preciosa, y aunque no nadé mucho, emergí restablecido. Después volvimos a salir para comer *dim sum* con Adam, Cloe y Violet, y de paso charlamos e hicimos unas compras en el camino de vuelta, como la gente normal. Gran error. Para cuando llegamos a casa, estaba fulminado y con gripe. Ahora vuelvo a sentirme como la semana pasada: inestable como la gelatina.

Martes 11 de diciembre, 7 ºC

En el estanque me convertí en una especie de mascota, y es entendible. Primero el ACV y después dos semanas de gripe me sumieron en un nuevo nivel de debilidad. Aunque todavía quedan un par de nadadores más viejos que yo, creo que soy el que está en peores condiciones. Sigo teniendo un equilibrio pésimo, me hace falta un bastón para caminar por el muelle y dos para ir del coche hasta el estanque. Etcétera. Nadie dice nada, por supuesto, pero si sucede que alguien anda por ahí justo cuando estoy aparcando o volviendo hacia el coche, me llevan la mochila por la cuesta o me ofrecen un hombro en el que apoyarme. Si Steve o Terry están de guardia, incluso me ayudan sobre el muelle y me sostienen para que me pueda meter en el agua. Todo esto con gran amabilidad y muchas sonrisas, lo que me ahorra la humillación y preserva la poca dignidad que me queda, así que no me quejo. Y si me disculpo por mi inutilidad, me dicen: «Eres un ejemplo para todos». Pero no es fácil. Sea como sea, la realidad es que me estoy desmoronando a una velocidad descorazonadora. Cada vez me parece más improbable que termine de escribir este libro sobre la vejez. Ya ni me tomo la molestia de inventar excusas. No escribo porque no tengo nada para decir ni deseos de decirlo. La natación, sin embargo, sigue siendo una delicia. Esta mañana, cuando salí de casa, había escarcha en las ventanillas del coche, pero brillaba un sol pálido, el Heath estaba vivo, lleno de ardillas hacendosas acopiando comida para el invierno; volvieron los cormoranes taciturnos; el mundo es hermoso. Será mejor que lo aproveche mientras pueda.

Jueves 13 de diciembre, 4,5°C

Una mañana de invierno preciosa, pero más fría después de dos noches despejadas, mucho más fría: escarcha en el césped y el coche cubierto de hielo, restos de niebla sobre el estanque, como si fuera humo, las gallinetas dando vueltas cerca de la cabaña, mendigando un poco de pan. Entrar en esas aguas negras es como renacer. Salgo resplandeciente, listo para cualquier cosa —o casi—. Mi buen amigo Terry me acompañó hasta el muelle, ida y vuelta; me sostuvo con un brazo que parece una barra de hierro. Beckett se equivocó: sí que es bueno estar vivo. A veces. Mañana Anne y yo nos vamos a Brujas: un fin de semana de descanso y recuperación. No veo la hora.

Jueves 20 de diciembre, 3°C

Cada noche es más fría que la anterior, y cuanto más frío hace más me gusta. Esta mañana había pedazos de hielo en el estanque, y tuvimos que compartirlo con las mujeres porque el de ellas estaba completamente congelado. Todo el mundo parecía estar más contento que de costumbre. No por compartir el lugar, algo que a las mujeres parece molestarles, sino por la ráfaga intensa de adrenalina que produce el agua helada, más la sensación de hazaña que genera el hecho en sí.

No es un gran remedio, por supuesto, pero es mejor que no tener remedio. Por fin pagué las veinte libras y me hice socio de los Highgate Lifebuoys, lo que me da acceso a la cabañita, a un lugar cálido para cambiarme y a una taza de té mientras me seco. Con estas comodidades modernas no hay que hacer grandes esfuerzos, ni sufrir. Hasta puedo fingir que aún estoy para jugar.

2008

Martes 8 de enero, 3°C

En una semana en Italia retrocedí varios meses. Supongo que fue lo de siempre: el hecho de poder verme a través de los ojos de los demás —una reacción ante su *shock* al descubrir lo mucho que me había deteriorado desde el verano anterior, la alegría fingida para disimular el desaliento—. Por lo que fuere, me vine muy abajo. Espalda, tobillo y postura volvieron al mismo lugar en que estaban cuando salí del hospital: un viejo completamente torcido y sin energía que caminaba con dificultad. Y además: cero italiano. Como Anne se ocupó de todo —me ayudó a desplazarme, cargó las maletas, nos ordenó la vida—, también dejé en sus manos la conversación. Anne y yo ya cerramos el círculo: amante de un hombre joven, compañera de un señor maduro, enfermera de un viejo. En otras palabras, estoy en mi segunda niñez; aunque todavía hacemos el amor, a Dios gracias, sobre todo en Paradiso. Ahora volvimos a Londres, y hasta cierto punto estoy mejor. El agua helada me endereza la espalda y me restablece (por un rato) el alma, aunque el trayecto entre el coche y el estanque parece cada día más difícil. Hay otro nadador, John, que tiene seis años más que yo —cumplió ochenta y cuatro— pero comparado conmigo parece atlético, joven y ágil, así que me convertí en el último geronte de Highgate, una especie de mascota a la que hay que cuidar y alentar, como los finados Percy y Rudolph. Chris me prepara té cuando salgo de nadar, los socorristas me escoltan hasta el muelle, me agarran para que me pueda meter al agua, me esperan mientras nado y después me vuelven a escoltar hasta la cabaña. Siempre con humor y sin condescendencia. Supongo que les alegra saber que incluso siendo un viejo decrépito no hay por qué rendirse. Que siga yendo al estanque les demuestra que todavía tienen esperanzas. Steve, que planea escalar el Old Man of Hoy, se refiere a la cabaña de los socorristas y a sus ancianos moradores como «la sala de espera de Dios».

Lunes 18 de febrero

Puse este diario en pausa mientras lucho contra un artículo sobre Geoffrey Hill para Bob. Estuve con ese texto todos estos meses —en Año Nuevo, en Italia, ya estaba leyendo sus libros—, y todavía voy por la mitad, aunque trabajo diligentemente siete días a la semana. El problema es que admiro su obra —o una parte—, pero no me gusta mucho. Aunque subyace otro problema (o, mejor dicho, una preocupación): que el ACV me haya afectado y ya no logre escribir, o ni siquiera pensar. Demasiado viejo, demasiado débil, excesivamente anclado a los malestares infinitos y tediosos de la gente de mi edad. Mientras tanto, el tiempo sigue impecable; un día despejado tras otro, hielo grueso en las ventanillas del coche todas las mañanas, hielo en las orillas del estanque, el agua como de obsidiana, negra y lustrosa. Con todo gusto me pasaría ahí el día entero, pero vuelvo responsablemente a mi escritorio y a mis deberes.

Lunes 24 de marzo, 5ºC

Tardé unas diez semanas en escribir como corresponde el ensayo sobre Hill; y eso es mucho tiempo, incluso para un viejo en mal estado. Diez semanas desperdiciadas en los devaneos confusos de un academicista vanidoso cuando tendría que haber trabajado en mi propio libro. Terminé encerrado en casa, harto, con una gripe recurrente que fue y vino bajo distintos disfraces. Este año la Pascua llegó antes y con mucho frío. Nevó ayer, Domingo de Gloria, y volvió a nevar esta mañana, pero ya no tengo fiebre, así que fui a nadar igual y el agua helada operó su magia de siempre. Ahora salió el sol y, como la semana pasada podaron los tilos de Flask Walk, puedo ver el perfil de Londres. Toda la ciudad resplandece. La tierra prometida.

Sábado 19 de abril, 7,5ºC

La primavera se va acercando lentamente, como dijo el poeta. Un viento del este algo salvaje hace que el agua fría parezca casi tibia, y no hay muchos nadadores. Los narcisos bajo las hayas se están marchitando, los pensamientos tenues y mínimos que habían florecido en los escalones que hay a la entrada del estanque se rindieron hace semanas y los árboles siguen anacrónicamente pelados, como si no quisieran arriesgarse a desplegar las hojas con este frío. Sé cómo se sienten. Acabo de perder dos semanas interminables y monótonas tratando de ponerme al día con la burocracia impositiva —primero la mía, después la de Anne—, y ahora por fin puedo volver al libro que supuestamente estoy escribiendo. Pero a regañadientes, lleno de reparos; sobre todo porque el mero acto de desplazarme se me hace cada vez más difícil, incluso con la asistencia de dos bastones. Es un problema que no anticipé al empezar: cuanto más envejezco, más cansado y decrépito estoy y tanto más se me complica escribir al respecto. Solo en el agua fría me siento diestro y animado. Nado, luego existo. Pero cuando vuelvo a casa pierdo el tiempo leyendo el periódico, después en el ordenador con correos electrónicos y chorradas varias.

Miércoles 23 de abril, 7,5°C

«Os lo ruego, desabrochad este botón».

Yo también tuve uno de esos días a lo rey Lear. Confiemos en Shakespeare, que siempre da en el clavo. Desde el ACV, los dedos no me funcionan del todo bien, y tengo los brazos tan rígidos que no me puedo abrochar el cuello de la camisa ni ponerme una chaqueta sin ayuda de Anne. El *tweed* me derrota siempre: difícil de colocar, más difícil de sacar y una pesadilla a la hora de colgarme al hombro la mochila con las cosas de natación. El chaleco de cuero no me trae problemas, pero esta mañana llovía así que opté por la chaqueta de *tweed* y luché todo el camino. Las piernas tampoco me respondieron muy bien, y me dolía el tobillo, de modo que avancé como una tortuga, pero inestable. En Flask Walk están arreglando la acera, y en un sector se forma una especie de cuello de botella: mientras renqueaba por ahí se formó una fila detrás de mí. Tres mujeres que venían charlando muy alegremente se quedaron calladas de golpe hasta que lograron pasar. «Por favor, ni se le ocurra», me dijeron después cuando les pedí disculpas por haberlas demorado. Gracias a Dios por las norteamericanas.

Sábado 10 de mayo, 15,5°C

Un día hermoso de verano —casi una semana entera, de hecho—, pero mejor que si fuera verano porque estamos a principios de mayo y todo brotó súbitamente. Las flores de mayo están encendidas, y los castaños repletos de velas; las flores de zanahoria silvestre altas por la cintura; el haya roja brilla y parpadea bajo el sol, el aire tiene un olor dulzón y el mundo entero parece verde, joven y fresco. En el estanque quitaron las sogas, el agua se entibia y cada día nado un poco más. Pasó exactamente un año desde que entré en el hospital con el ACV. Camino mal, tengo problemas de equilibrio y veo poco, pero el espino del jardín ya casi llegó hasta la ventana de mi estudio y el perfume es celestial. Las cosas podrían ser peores.

Jueves 19 de junio, 19°C

Pleno verano, pero fresco, exactamente como a mí me gusta. El haya roja es un milagro —densa y movediza—, en la explanada frente a la cabaña de los socorristas florecen las rosas, y las gallaretas dan vueltas esperando que las alimenten. El agua está tibia y a mí lo único que me falta en este estado post-ACV es la resistencia para nadar sin pausa. Gracias a Ruth y a Iga los dolores y los achaques de siempre son más suaves, y la vida parece bastante llevadera. Ojalá siguiera así. Entonces, ¿por qué sueño con mi madre —sueños cariñosos, no esas apariciones angustiantes y cargadas de culpa— y tengo estas ensoñaciones tan recurrentes acerca de mi padre y mi hermana muertos? ¿Qué le pasa a mi inconsciente? ¿O será la influencia de los números? Se vienen los setenta y nueve, después los ochenta. Ochenta me parece una cifra ridícula. Más bien ochenta a punto de cumplir ocho.

Lunes 21 de julio, 19°C

Estos diarios, así como el libro del que hipotéticamente van a formar parte, parecen estar estancándose. Igual que yo, claro. No es que ya no me interese el espectáculo que ofrece el estanque —los pájaros, el cielo, los cambios que traen las estaciones—, sino que esta debilidad creciente de alguna forma también me empeoró la vista. Literalmente: si no miro todo el tiempo dónde pongo los pies, tropiezo o me tambaleo, y hago el papelón. El equilibrio no mejora, y, lo que es peor, tampoco mi capacidad de concentración.

Domingo 7 de septiembre

Este fue el peor verano del que tenga memoria, el verano en que todo salió mal, el verano de mi cumpleaños número setenta y nueve, cuando se asentó definitivamente la decadencia terminal y se evaporó todo resto de dignidad. Empezó a finales de julio, al llegar a Paradiso. ¡Menudo paraíso! El lugar estaba infestado de ratas y los empleados de la limpieza habían usado la casa como si fuera de ellos: hicieron fiestas, se emborracharon, derramaron vino sobre la alfombra nueva, carísima, follaron en nuestra cama. Después fuimos en tren a casa de Barbara en medio de una ola de calor, y cuando volvimos caí enfermo —gripe, por lo visto, nada serio—. Estaba agotado, casi sin piernas, demasiado débil para trabajar, casi tan débil como para leer, demasiado débil incluso para subir los ínfimos escalones hasta la piscina y nadar un rato. Vinieron Kate, Danny y Cassius, junto con Jenny, la madre de Danny, que acababa de enviudar y pensaba quedarse una semana. Unos días después estoy en el baño, a punto de afeitarme, pero las piernas no me responden, así que me siento en el alféizar, me reclino contra la ventana y por un segundo pierdo la conciencia. Cuando vuelvo en mí, Anne está ahí conmigo, muy asustada, yo estoy desplomado contra la mosquitera y Giulio del lado de afuera, subido a una escalera, tratando de empujarme hacia dentro. La ambulancia llega sorprendentemente rápido y me lleva al pequeño hospital que hay en Castelnuovo, donde me hacen los análisis de rigor. Después me trasladan en otra ambulancia a Lucca para que un neurólogo vea los resultados y haga sus propias pruebas. Impertérrito, me manda de vuelta a Castelnuovo, donde paso la noche, con Anne a mi lado, pobre, en un sillón reclinable. A diferencia del Royal Free, el hospital de Castelnuovo está impecablemente limpio, tanto que cuando me levanto de madrugada para hacer pis me resbalo en el suelo encerado y me caigo redondo. En un segundo aparecen dos enfermeras y me ayudan a levantarme —otra diferencia con el Royal Free, donde las tres primeras noches me caí varias veces y nadie me prestó la más mínima atención—. El médico aparece al día siguiente con su diagnóstico: el calor y la deshidratación, sumados a las medicinas que tomo, hicieron que la tensión se me desplomara. Me cambia la receta y sugiere que me quede un par de días en observación, pero con una única noche en esa cama de hierro ya me duele todo, así que le doy las gracias muy educadamente y me voy a casa.

Kate está tan conmocionada como Anne. Las dos piensan que estoy en las últimas, y Kate no quiere dejar a su madre sola en nuestra casita recóndita por si tengo una recaída, así que nos cambia los billetes: nosotros volvemos una semana antes, ellos una semana después. Me paso los siguientes diez días como en terapia intensiva: objeto de cuidados incesantes y motivo de preocupación para todos.

Jueves 25 de septiembre, 14°C

Volvimos de Italia hace un mes, a finales de agosto, aunque Londres seguía tan fría, oscura y húmeda como en noviembre: la excusa perfecta para convalecer —esto es: quedarme en casa y no hacer nada—. Así que di vueltas durante dos semanas larguísimas y virtuosas, hasta que logré que Luke me acompañara al estanque. Nadar en esas aguas ambarinas fue, como siempre, una bendición, y Luke, también como siempre, resultó un pilar en el que apoyarme. El problema fue ir hasta allí y volver con mis dos bastones, las piernas flojas y un sentido del equilibrio completamente arruinado. Después de algunas visitas con escolta dejé de fingir que me estoy recuperando y empecé a usar el andador *hi-tech* que me había mandado Cyrus desde Estados Unidos. De pronto pude desplazarme casi como un ser humano. Después Mike King reservó dos sillitas eléctricas de las que hay en la piscina y ahí estábamos otra vez, en el corazón de mi adorado Heath, en lugares que daba por hecho que ya no iba a volver a ver. Pasamos zumbando por Parliament Hill, gritando como niños, y terminamos en el estanque mixto, mi otro paraíso perdido, con esas aguas calmas cercadas de árboles tupidos, un lugar mucho más lindo e íntimo que el estanque de Highgate. No había notado cuánto lo extrañaba. Fuimos el martes, y hoy de nuevo. Me da cierta esperanza.

Viernes 10 de octubre, 13 °C

El tiempo estuvo perfecto toda la semana. Un otoño apacible: hay sol, las hojas empiezan a cambiar de color y a caer muy poco a poco, el agua tiene cierto filo —frío, exacto—, y llegar hasta ahí con mi andador nuevo me resulta cada vez más fácil. Hoy, el tercer chapuzón de la semana. Están los vejetes de siempre: John, delgado, ochenta y cinco años, profesor de artes marciales en activo; Dave, de setenta y cinco, exboxeador y guardaespaldas de los hermanos Kray, pedalea cuarenta kilómetros diarios para mantenerse en buen estado. Nadamos y después charlamos un rato al sol. Esto es lo que deberían hacer los jubilados con el tiempo que les queda. Tengo un libro por escribir, desde luego, pero me cuesta creer que alguna vez lo termine.

Lunes 27 de octubre, 10,5°C

El tiempo sigue precioso, cada día un poco más fresco. Momento de atrasar los relojes; las noches son frías, después se disipa la niebla, sale el sol, el agua te encandila. El viernes pasado fui al Heath con Anne y Cassius. Tiene veintidós meses, ya se asoma al borde del lenguaje, lucha con las palabras, es muy expresivo. Desde Highgate bajamos en coche por Mill Lane, Cassius en el asiento de atrás, mirando por la ventanilla. Supongo que nunca había visto una extensión de agua tan grande, así que cuando apareció el primer estanque lo único que pudo articular fue: «¡Guau!». Y no hacía falta decir más. Es lo mismo que pienso yo cada mañana cuando me meto en esas aguas benditas: «Guau, ¿cómo puedo tener tanta suerte?».

Sábado 13 de diciembre

Parece que este libro sobre la vejez fue superado por su propio tema; es decir, por las cosas que llegan con la vejez: agotamiento, enfermedad, quejas. «El deterioro corporal es sabiduría», dijo Yeats. Se equivocó. Es el fin de la sabiduría, el fin de la curiosidad, el fin de la energía —intelectual y física—, el fin del apetito y del disfrute. El deterioro del cuerpo es una prisión. Te encierran con un carcelero aburrido y vengativo: tú mismo. O eso digo yo después de otras dos semanas con una gripe que apareció de la nada, justo cuando creía que ya estaba en condiciones de volver al agua. Hace diez días fui al Loose Cannon para la presentación de un nuevo libro de Tony sobre póker (mi primera sala de juegos en dieciocho meses). De pronto estaba rodeado de viejos amigos; se apiñaban a mi alrededor, me abrazaban, me estrechaban la mano, me invitaban a bebidas, se sentaban a mis pies. Y merodeando por los rincones había toda clase de gente que yo no conocía, esperando para cruzar una palabra con «el legendario Al Alvarez» —legendario como circunloquio amable para decir «¡no me puedo creer que siga vivo!»—. Fue todo muy estimulante. No sabía que en ese mundillo extraño y despiadado había tanta gente a la que le caía genuinamente bien. Pero me hubiera encantado poder caminar mejor, tener más equilibrio, alzarme más derecho y haber estado menos pendiente de la consternación que sentían todos al descubrir lo mal que había envejecido este hombre tan recio. Sí, puede que solo esté proyectando mi propia consternación sobre los demás, pero el desaliento flotaba en el aire y salí de allí totalmente impregnado.

Dos días más tarde, después de una mini partida de póker muy alegre (el viernes por la noche) y un poco de natación en las aguas resplandecientes del estanque (el sábado por la mañana), se disipó la melancolía y empecé a sentir que volvía a la vida. Pero debo haberme quedado mucho tiempo en el agua helada, porque veinticuatro horas después estaba otra vez con gripe, y pasaron otras tres semanas hasta que pude volver a nadar.

2009

Fue el sábado 3 de enero, bajo la mirada atenta de Terry. «Un chapuzón muy rápido —me dijo—, como para sacudirte el *spleen* y arrancar el motor». *Spleen* es una palabra anticuada y preciosa; me retrotrae a Baudelaire, y también a los melancólicos de antaño, como Donne. Pero parece ser cierto. Había hielo en el estanque, así que, como decía Rudolph, «tuve que asumir que la temperatura del agua rondaba los cero grados». Aun así, al salir me sentí restablecido, otra vez parte de la vida e irracionalmente contento por el mero hecho de haberme metido, aunque fuera brevemente. La gripe me duró tanto y el tiempo estuvo tan frío que pensé que no iba a volver a nadar hasta que llegara la primavera. Ayer, sin embargo, estaba extenuado e inestable, y hoy cuando me desperté vi que por la noche había nevado un poco y que soplaba un viento cruel, así que no volví al estanque como tenía planeado.

Sábado 10 de enero, 0,5ºC

Y seguí sin nadar; lo fui posponiendo día tras día mientras los primeros fríos reales del año se iban asentando: una semana entera de mañanas oscuras y congeladas, tardes resplandecientes una vez que se disipaba la niebla y, después, noches largas y heladas. Mi clima ideal, la verdad, pero no este año, no después de semejante gripe. «Espera hasta que haga un poco menos de frío —insistió Anne—, no quieras volver a ponerte malo». Que es, desde luego, lo que dice siempre; solo que esta vez obedecí. Quizás así sea todo cuando uno llega a su octogésimo año: empieza a buscar excusas para no hacer las cosas. De modo que me quedé en casa la semana entera, no hice nada, ni siquiera salí a tomar el aire, y no logré escribir. Esta mañana había varias placas de hielo y amagaba con nevar —una llovizna tenue, fina y helada que era más lluvia que nieve—, pero fui igualmente y estuvo genial. Chris se subía a su coche justo cuando yo bajaba del mío, y Mike King y Dermot estaban al final del sendero, a punto de irse; pero volvieron y me acompañaron hasta la cabaña. No dudo de que estaban contentos de verme después de una ausencia tan larga, pero también sintieron el deber de controlarme por si me pasaba algo: me estoy deteriorando tan rápido que ahora soy responsabilidad de todos. En el agua había mucho hielo a la deriva —el estanque de al lado estaba completamente congelado—, así que solo nadé unos metros de ida y vuelta; pero, con o sin hielo, fue magnífico volver al agua.

Jueves 15 de enero, 2,5°C

Hace unos años estaba escribiendo mejor que nunca —al menos con mayor facilidad y más ganas . Quizá fue porque había estado pensando en el tema para *The Writer's Voice,* o quizás, antes que eso, porque el hermoso ensayo que escribió Jane Kramer cuando cumplí setenta había logrado convencerme de que, después de todo, sí tenía una voz propia. Por lo que fuere, finalmente —aunque un poco tarde— había empezado a sentirme cómodo ante el papel. El ACV fue un retroceso, aunque más o menos pude recuperarme escribiendo gracias a los plazos que me imponía Bob. En los siguientes doce meses hice tres artículos largos para él —sobre McEwan, Graham Swift y Geoffrey Hill—, y cada uno me llevó más tiempo que el anterior, y me resultó más difícil. (¡Diez semanas para el de Hill! ¡Increíble!). Después me encargó un texto sobre un par de humoristas. La idea me gustó, así que trabajé en el artículo todo el verano, pero no llegué a ninguna parte. Eso fue el verano pasado, el verano del desastre en Italia, cuando finalmente toqué fondo. Desde ese momento no hice más que avanzar a trompicones. Ahora sudo para escribir un artículo sobre escalada en el Himalaya —un tema que me sé de memoria—, y tampoco estoy llegando a ninguna parte. No llegar a ninguna parte, dicho sea de paso, es ahora mi estado permanente. Hace unos días fui a nadar y estuvo bien. Esta mañana había un viento cortante, aunque el agua estaba mínimamente más tibia, pero mi equilibrio era tan malo que sin la ayuda del andador de tres ruedas no habría podido llegar al estanque, y sin el apoyo de Terry no habría podido volver a la cabaña después de nadar. Subí la pendiente en cámara lenta, tambaleándome, y tardé tanto en meter las cosas en el coche que un buen samaritano estacionó detrás de mí, se bajó y me ayudó. Una vez en casa, mientras luchaba con los escalones de la entrada, pasó una vecina. Frenó un segundo, me estudió con desprecio y dijo: «Veo que todavía se puede mover». La tendría que haber pateado en el coño, *à la* Beckett. Pero el tobillo derecho me duele mucho y tengo la pierna izquierda sumamente inestable, así que me habría caído al suelo.

Miércoles 21 de enero

Seis días y dos visitas al estanque más tarde, el artículo sigue tal como estaba, sin escribirse —y, en lo que a mí respecta, inescribible—. Ya lo dijo Tadeusz Różewicz en *Pruebas:*

La muerte no enmienda
ni un mínimo verso
no sabe corregir
no es una editora
compasiva

una metáfora mala es inmortal

al morir un mal poeta
es un mal poeta muerto

el aburrido aburre tras la muerte
el tonto sigue con sus tonterías
aun desde el más allá.

Viernes 30 de enero, 4°C

El viento sopla desde el este, frío y cortante, y yo estoy viejo y endeble. Pero supongo que mi mera presencia en el estanque, el hecho de que todavía pueda nadar, a pesar del ACV, les da esperanzas para el futuro —o algo así—. Entonces los socorristas me ofrecen el codo para que me apoye cuando voy hasta el agua y vuelvo, y me esperan mientras nado por si surge algún problema; John me prepara un té mientras me seco, y todo el mundo quiere ayudarme, pero tratando siempre de no subestimarme. Ya no escalo, y al póker juego muy poco, pero me queda la reputación del estanque.

Sábado 7 de febrero, 2,5°C

Toda la semana en casa por culpa de la nieve. Nieve de verdad: profunda, crujiente, uniforme. Llegó el domingo pasado por la noche y paralizó al país entero. Parecía el invierno del 62/63: el que Sylvia no toleró, el que yo atravesé en coche desde Exeter para volver con Anne, el de la tormenta que nos unió. Pero esta vez no me iba a ninguna parte. Me cuesta caminar incluso con buen tiempo, así que si las aceras están congeladas o tapadas por la nieve me resulta directamente imposible —además, no apareció nadie de Camden para despejar las calles laterales—. De modo que no salí de casa, y hacia el fin de semana estaba como loco. Hoy las calles amanecieron limpias, más o menos, y fui con Anne hasta Highgate. Aunque en los senderos del Heath todavía había hielo, pude llegar al estanque y nadar un poco. El agua estaba fría en serio, pero de todos modos me resultó una bendición, y gracias a Dios tenía guardia Terry. Me arrastré de vuelta al coche apoyado en su brazo, esa barra de hierro. El pronóstico anuncia más nieve.

Miércoles 25 de febrero, 4,5ºC

La decadencia parece avanzar rapidísimo. Los mareos son cada día peores; tengo problemas serios para desplazarme, incluso por las habitaciones de casa, que son pequeñas. El ojo izquierdo no enfoca bien cuando leo, así que uso un parche de plástico en uno de los cristales de las gafas. Y, si siempre leí despacio, ahora lo hago directamente a velocidad de tortuga. Lo mismo me pasa al teclear, porque las manos se me paralizan; escribo con dos dedos, y como no veo bien las teclas me equivoco a cada rato. También se me olvida dónde están las letras. Peor todavía: no me acuerdo lo que quería decir y no me es fácil retener los pensamientos ni seguirlos. Supongo que es todo producto del ACV y de lo que sea que me haya pasado el verano anterior, pero el resultado es que la escritura, que siempre me había costado mucho, ahora se ha convertido en una pesadilla. Le dediqué semanas al artículo para Bob y no llegué a ninguna parte. Y eso que la escalada en el Himalaya es un tema sobre el que debería tener mucho para decir. En cuanto al libro que supuestamente estoy escribiendo: no puedo pasar de estos diarios deshilachados. Todavía nado, a Dios gracias, y el agua fría me sacude, me devuelve a la vida y elimina los dolores durante un rato. También me gusta la compañía de la gente del estanque, entre otras razones porque no me ven como un escritor incapaz de escribir, sino como un exatleta, igual que ellos, solo que un poco más viejo y un poco más avanzado en el camino hacia la ruina. De todos modos, el agua fría y el esfuerzo para llegar hasta allí me agotan, y cuando vuelvo a casa lo único que quiero es dormir, no trabajar. Nado, luego existo. Pero, como decía mi padre sobre el sexo: «Me deja sin aliento».

Miércoles 6 de mayo

La felicidad escribe en blanco, pero la negrura no escribe con nada. Hace diez días por fin pude terminar el artículo para Bob, ese que empecé en Año Nuevo y que todavía me hacía transpirar la última vez que anoté algo aquí. Desde ese momento, ni una sola palabra. Además, fue una semana llena de muertes: Berenice el sábado pasado, ayer Cloe y hoy Max Ott. Y todo eso en los quince días en que Inglaterra se convierte en el lugar más bonito del mundo. Ayer en el estanque el agua estaba fresca, deliciosa, y la natación fue perfecta. Las velas en el castaño estaban completamente encendidas, también las flores de mayo y las zanahorias silvestres; el mundo entero olía bien y el solo hecho de estar vivo me pareció una bendición. Ahora me tengo que poner un traje y una corbata negra para ir a la ceremonia de Berenice.

Lunes 8 de junio

2009, el año en que cumplo ochenta —si es que llego—, no está yendo nada bien. Empezó con seis semanas de gripe y fluyó hacia esta avalancha repentina de muertes: dos amigos muy queridos y mi pobre nuera, los tres con pocos días de diferencia. Tuve que hablar en la ceremonia de B: hice el ridículo y di vergüenza ajena porque lloré como un viejo sentimental, aunque para mi gusto pusieron demasiado pop. En el funeral de Cloe, Adam dejó la música (Bach) en manos del organista de la iglesia y eligió sus poemas preferidos: *Dover Beach,* de Matthew Arnold, una elegía de Lorca que leyó su amigo Jasper Guinness y, para cerrar, *The Jumblies,* que leí yo. El texto de Lear, como corresponde, arrancó algunas risitas, lo que en cierta medida hizo que el momento fuera más real, aunque también más triste. Adam siempre tuvo un gran sentido estético y en este caso, como en las muchas casas que tan hermosamente construyó, todo salió perfecto.

Pero me quedé hecho polvo. Ahora tengo tal agotamiento que, por el momento, hasta el mínimo trayecto entre el coche y el estanque me parece inabordable. Es como la inercia incapacitante del verano pasado, pero peor. Creo que es culpa del cóctel de medicinas post-ACV, aunque por supuesto la doctora no quiere ni considerar que quizás se equivocó con el diagnóstico, así que me manda a consultar con un especialista que cree que puedo estar anémico. ¡Anémico yo, después de una vida de ejercicio físico! Una nueva humillación para sumar a la lista. Supongo que me lo merezco. El especialista me deriva al Wellington, donde mientras él hace sus cosas yo descanso en una habitación privada con balcón y vista a la cancha de críquet de Lord. Todo muy bonito, salvo porque no me dejan comer y tengo que estar toda la noche en el baño purgando los intestinos, y el día siguiente lo paso de espaldas y drogado mientras me sondean las entrañas desde ambos extremos. Volví a casa el viernes por la tarde, casi incapaz de subir las escaleras; sigo débil y sin piernas. Sé que un poco de natación me restablecería, pero por ahora mejor no.

Martes 21 de julio

Pasaron seis semanas y las cosas han ido a peor. Después del hospital hubo más especialistas, más análisis, más consultas. Un desfile de médicos: parecían buscadores de oro. Y lo que trataban de encontrar eran malas noticias: cáncer de estómago, leucemia, cualquier cosa que les resultara profesionalmente interesante y, si el seguro se lo permitía, de paso los ayudara a seguir siendo ricos. A la larga lo único que descubrieron fue anemia —anemia y la artritis crónica que heredé de mi pobre madre, y de toda una vida de machacarme y de tentar al destino—. En otras palabras: estoy envejeciendo, y la vejez es una de esas cosas que no tienden a mejorar. No me queda otra que darme una sobredosis de pastillas de hierro y volver al estanque, donde el agua se va entibiando mientras todo lo demás, incluyendo la natación, se va haciendo cada día más difícil.

Miércoles 7 de octubre

Desde julio de 2008 hasta julio de 2009 viví una pesadilla continua de problemas de salud que terminó con otro ataque salvaje de gripe que me duró hasta que salimos para Italia, a mediados de agosto. La casa de Paradiso estaba alquilada, así que primero nos quedamos con Barbara y Andrew en Fabbrica, recién renovada. Tal como habían hecho con Clarendon, convirtieron una ruina en una obra de arte, perfecta en cada mínimo detalle, y se abocaron a hacer lo mismo conmigo y con mi bella y agotada esposa. Luxe, *calme et volupté,* más un cocinero de Sri Lanka que preparaba unas comidas excelentes, y su esposa, que limpiaba y pulía y nos hacía la vida mucho más fácil. B y A nos fueron a buscar al aeropuerto de Pisa, nos mimaron a más no poder durante cuatro días y después nos llevaron hasta Paradiso, otra vez cuerdos y sanos. Transformaron la amistad y la hospitalidad en una de las bellas artes. Tenemos mucha suerte de haberlos conocido.

Kate me había dicho que dejara mi portátil en Londres, cosa que hice, y el alivio fue increíble. No tuve que luchar con el trabajo, ni responder correos absurdos, ni sufrir con el Internet italiano, siempre frustrante; ni siquiera malgasté tiempo jugando al póker. Leí un poco, aunque no tanto como siempre, mientras Anne cocinaba y se entretenía con el jardín y trabajaba de vez en cuando en su libro. Pero sobre todo nadamos, comimos e hicimos el amor. Una maravilla. Ahora estoy de vuelta en casa y sigo sin ganas de mover un dedo. Sí, podría ser un bloqueo creativo, algo que conozco bien de otras épocas. Pero este es distinto. Me parece que tiene que ver con mis ochenta años. Cuando cumplí setenta —tres veintenas más diez, el límite oficial de mi esperanza de vida— fue un golpe bastante duro. Por otra parte, me costaba creer que hubiera llegado tan lejos. Comparado con eso, los ochenta me parecen directamente absurdos. Siento como si me estuvieran dejando en libertad para hacer lo que se me ocurra. Y lo único que se me ocurre por ahora es no hacer nada salvo disfrutar del tiempo que me queda. Supongo que aún me estoy recuperando de los últimos dos años, que fueron pésimos, y aceptando el hecho de que estoy viejo y lisiado, etcétera. Pero las pastillas de hierro surtieron efecto, y el letargo que me aquejó durante un año se está disipando. Va a ser mejor que lo aproveche mientras pueda. «¿Qué importa? Si se va a morir pronto», gritó una mujer muy agresiva cuando Anne le pidió que moviera el coche del espacio que tenemos reservado frente a la puerta de casa. Mi esposa quedó tan indignada que llamó a la policía, pero la mujer tenía razón, desde luego, y quién soy yo para discutirle.

Lunes 26 de octubre, 11,5°C

Este veranillo tan hermoso no termina nunca. A eso de las diez ya se disiparon las nubes, el cielo está limpio y brilla el sol. Las hojas en los árboles frente a mi ventana están todas doradas, y sopla un viento que antes llamábamos céfiro: lo suficientemente intenso como para sacudirlas, pero demasiado suave como para hacerlas caer. Mi estudio está todo el día inundado de una luz áurea.

Jueves 29 de octubre, 11,5°C

Y sigue y sigue... Las hojas empiezan a caer a pesar del aire quieto, pero muy gradualmente; el estudio todavía lleno de luz dorada. No recuerdo un octubre más hermoso que este.

Miércoles 4 de noviembre

Por fin cambió el tiempo: vientos tempestuosos, hojas caídas, diluvios de finales de otoño. En el estanque volvieron a poner la soga de los veinticinco metros, cosa que me viene bien ya que ahora mi límite parece ser esa distancia, con agua fría o tibia. También creo que estoy logrando coordinar muy bien los chapuzones: llego cuando sale el sol y ya estoy de vuelta en el coche antes del siguiente aguacero. Sin embargo, no ando bien. Unos días atrás me citaron en una oficina de Camden para que demostrara que no me había curado súbita y milagrosamente, y que todavía me merecía la *Blue Badge* para el coche. Entre mi silla de ruedas desenfrenada y la ayuda de Anne, la entrevista salió bien, pero cuando salimos teníamos (por supuesto) una multa en el coche por mal estacionamiento. Toda esa farsa ridícula me generó tanto odio que incluso después de haberme calmado con un poco de natación tardé tres horas en escribir un descargo inteligente y terminé mareado, tambaleante y tan exhausto que casi no pude ni bajar las escaleras para cenar. ¡Menos mal que me dedico a eso! No sé si es que abandoné la escritura o que la escritura me abandonó a mí.

Miércoles 25 de noviembre, 9ºC

Otra vez en el estanque después de ocho días sin natación. Las razones de siempre: me resfrié, llovió mucho, no dormí lo suficiente, el bloqueo creativo crónico me debilita, y después, dos días agotadores en el seminario de *The New York Review of Books* en la Universidad de Londres. El encuentro fue magnífico y muy estimulante, pero supuso caminar mucho y hablar demasiado, e incluso con la ayuda del bendito andador con ruedas que me mandó Cyrus terminé exhausto. El lunes en casa me arrastré de la mañana a la noche, me dolían las articulaciones. El martes hizo buen tiempo y traté de nadar después de ir al médico. Pero todavía me dolía todo y casi no podía caminar, así que volví a casa, intenté trabajar y no hice nada. Hoy había sol, así que fui (que le den a la artritis). Estuvo de maravilla —frío, resplandeciente, vivificante—, pero creo que yo lucía tan endeble como me sentía. Terry me ofreció el brazo, me guio hasta la cabaña, me controló durante la natación y después me volvió a acompañar, y John improvisó una fila de pasamanos de metal para que me apoyara al caminar los diez metros que hay entre los escalones y la cabaña. Me convertí en otro de esos viejos venerables a los que hay que cuidar, aunque siempre con humor y afecto, sin condescendencia. ¿Qué más puedo pedir?

2010

Lunes 11 de enero

Este es un inverno cruel, como el que me unió a Anne. Por Navidad, Kate y Danny decidieron inaugurar la casa nueva con una comida para la hueste completa de los Cogan, incluyendo a unos diez críos, y prefirieron ahorrarnos ese placer. Luke y Simon siempre están solos para esa fecha. Así que hicimos planes para pasar Navidad en Paradiso, también solos. Sonaba demasiado bien como para ser cierto. Y efectivamente. La mañana antes de irnos cayeron cincuenta centímetros de nieve en Barga y la casa quedó inaccesible. Cindy nos invitó a celebrar la Navidad con ellos, pero esa mañana Kate se levantó con gripe y Anne se dedicó a cuidarla, así que terminé yendo solo. Fue un día muy agradable, pero no exactamente lo que teníamos en mente. Después empezó a nevar y el país entero se paralizó.

(Eso fue todo lo que produje, dos días atrás. Desde ahí, nada. No puedo escribir. No puedo escribir. No puedo escribir. Y tampoco quiero.)

Miércoles 17 de febrero, 3ºC

Fue un invierno despiadado, semanas de nieve y hielo, las calles laterales como la nuestra quedaron sin limpiar, así que era imposible atravesarlas en coche —o a pie, para el caso: mi sentido del equilibrio está cada vez peor—. Así que me quedé en casa a languidecer. Y cuando por fin se retiró la nieve, el agua estaba fría como la muerte. Un chapuzón por semana parecía más que suficiente. Nadé el sábado pasado, pero hoy —cumpleaños de Adam— había un sol tan bonito que fui de nuevo. Todavía hacía un frío polar, pero el viento había amainado, las aves estaban en pleno cortejo y parecía que por fin el invierno, tal vez, empezaba a ceder. Tal vez. Pero últimamente ya no camino: me arrastro.

Jueves 18 de marzo

Una primavera lenta. A comienzos de semana el agua todavía rondaba los cuatro grados, y soplaba un viento frío; ahora de pronto el aire está más tibio, se abrieron las flores de azafrán en el jardín de al lado y el mundo parece a punto de volver a empezar. No para mí, claro.

«Las aves construyen, pero yo no construyo...», etcétera, etcétera.

Hasta cuando intento escribir —como ahora— siento aversión, y eso se nota en la prosa. Tengo la cabeza en otra parte: en esta incapacidad —que ya es crónica— para caminar, o erguirme o leer o ver algo de una sola vez y no en dos. Quedé atrapado en —y por— este cuerpo ridículo, fallido, ruinoso, y no me puedo liberar ni ver un poco más allá.

2011

Lunes 17 de enero

Desde aquel momento, nada. Un año sin escribir, un año cuesta abajo a toda velocidad. Como si el ACV por fin me hubiera alcanzado, tres años después. Primero dejé de conducir: la insensibilidad en el tobillo derecho, sin cartílago, poco a poco se había ido extendiendo hacia el resto de la pierna y ya no lograba diferenciar el acelerador del freno. Eso fue más o menos en abril del año pasado. Para agosto, cuando viajamos a Italia, las piernas casi no me funcionaban y apenas pude nadar; si trataba de bracear se me hundían los pies, como si fueran de plomo, y Anne tenía que venir a rescatarme. Así que me las tuve que arreglar nadando de espaldas. No fueron unas buenas vacaciones para ninguno de los dos. Más bien resultaron una pesadilla.

Miércoles 21 de abril

Las cosas empeoraron. Empeoraron mucho. Empezó a nevar en noviembre, una helada de las grandes, dos meses antes y mucho peor que la ola de frío del año anterior. Me dejó unas tres semanas encerrado en casa hasta que se derritió el hielo en la calle y en los senderos hacia el estanque, y para entonces ya casi no me funcionaban las piernas y la artritis en los brazos era tan intensa que no lograba ponerme ni quitarme la ropa, abrocharme los pantalones o secarme las axilas. Aun así, seguí nadando tres veces por semana, gentileza de Mike King, que me acompañaba al coche, me llevaba a Highgate, me vigilaba mientras renqueaba hasta el agua y, cuando volvía, me secaba y me ayudaba a vestirme. Mike se convirtió en un amigo muy querido y no podría seguir nadando sin su colaboración, pero la verdad es que, después de setenta y siete años de natación en los estanques de Hampstead Heath, Terry y los socorristas también sienten que soy responsabilidad de ellos. No solo me visitaron en el hospital después del ACV, sino que además están decididos a que siga yendo a nadar ahora que las cosas se pusieron más difíciles. En septiembre encontraron un salvavidas para mantenerme a flote a pesar de la pierna muerta, y Terry consiguió una autorización especial para que me puedan llevar en coche hasta la entrada del estanque. Y cuando empezó a helar apareció con unas botitas de goma que evitan que me congele los pies en el trayecto de ida y vuelta hasta el muelle, distancia que recorro a velocidad de caracol. Una maravilla, ya que parecía que el invierno no iba a terminar nunca. El agua se mantuvo entre los cuatro y los siete grados hasta mediados de abril, y en ese momento empezó una breve e inesperada ola de calor. Hay sol, los árboles y las plantas están en flor, y durante un par de días Inglaterra es el lugar más lindo del mundo.

* * *

Vale

«No me dejen morir así. Digan que dije algo».

—PANCHO VILLA

AGRADECIMIENTOS

Quiero dar las gracias a mi hijo Adam y a mi esposa Anne, en primer lugar, por haberme apoyado y animado tan enfáticamente a que publicara estos diarios, y luego por la revisión del texto, que resultó igual de enérgica. Lo mismo va para el equipo de Bloomsbury: la ayuda y el entusiasmo de Alexandra Pringle hicieron muy feliz a este viejo, y su paciencia fue esencial para soportar mis quejas constantes. Y Alexa von Hirschberg, Ianthe Cox-Willmott, Richard Collins y Mary Tomlison son de verdad un equipo soñado. En cuanto a los socorristas de los estanques de Hampstead Heath —Terry, Steve, Dan, Mick y el resto de la banda—, junto con mi amigo y compañero de natación Mike King, todos de alguna forma se encargaron de mantenerme vivo y, ya que no coleando, al menos nadando un poco.

Personas y lugares

Adam Alvarez (n. 1958), hijo de Al y Ursula.
Adrian Brendel, chelista, hijo de Alfred y Reni.
Alan Owen (1928-2011), compositor de la BBC y nadador del estanque.
Alex Henshaw, piloto.
Alfred Brendel, sir, pianista y poeta. Al escribió un artículo extenso sobre él que apareció publicado en la revista *The New Yorker* y luego en el libro *Risky Business.*
Andrew Christie Miller, terrateniente.
Anne Alvarez (n. 1936), casada con Al desde 1966 hasta la muerte de este, en 2019.
Barbara Neil Christie Miller, escritora.
Berenice Krikler (1930-2010), piscoterapeuta.
Bernard Williams, filósofo.
Betty Joseph, psicoanalista.
Bob Silvers, editor de *The New York Review of Books.*
Cassius Cogan (n. 2006), hijo de Kate y Danny Cogan, nieto de Al y Anne.
Cate Haste Bragg, productora y escritora, esposa de Melvyn Bragg.

Chris Ruocco, exboxeador, sastre de Kentish Town, nadador del estanque.

Cindy Blake, escritora, esposa de Tony Holden.

Cloe Peplow Alvarez (1946-2010), esposa de Adam.

Cornwell, los: David (alias John le Carré, novelista) y **Jane.**

Cyrus Ghani, abogado iraní-estadounidense, escritor y académico.

Damasco y Diomira Pinelli, amigos escaladores italianos de Al y Anne.

Dan Fawkes, socorrista, capitán del equipo.

Danny Campbell, socorrista y escritor, vive en Francia.

Danny Cogan, esposo de Kate y padre de Cassius y de Tommy.

Dave (Little), el de la bicicleta plegable.

Dave Brooks, gaitero, ciclista, exboxeador y exportero de discoteca.

Dermot Greene, concejal laborista de Camden, nadador, amigo de Al.

Estanque de hombres de Highgate, cerca de la calle más accesible para Al.

Estanque mixto, el más pequeño de los tres estanques de Hampstead Heath. Cierra durante el invierno, aunque a veces también abre algunos días cálidos de otoño.

Frank Kermode, sir (1919-2010), crítico y académico.

Gabriel Griffin, organizador del festival Poetry on the Lake, en el lago Orta, Italia.

Glynn Roberts, socorrista.

George Francis, exboxeador, nadador del estanque.

Giuglio Gigli, amigo italiano.

Iga Downing, osteópata, pareja de Torquil Norman.

Joe Brown, montañista y escalador famoso.

Kate Alvarez Cogan (n. 1971), hija de Al y Anne.

Ken McMullen, director de cine y artista, nadador del estanque.

Les Lancaster, exsocorrista, ahora profesor.

Luke Alvarez (n. 1968), hijo de Al y Anne.

Mac (Ian) McNaught-Davis, escalador, compañero de montañismo de Joe Brown y de Al.

Max Ott, diseñador de cocinas.

Melvyn Bragg, locutor y novelista.

Mick Annegarn, socorrista.

Mike King, el mayor de los King Brothers, grupo de pop famoso en los años cincuenta y sesenta, nadador del estanque.

Mike y Kathy Levene. Mike es sobrino y abogado de Al. Kathy es su esposa.

Mo Anthoine (1939-1989), escalador y montañista, protagonista del libro de Al *Alimentar a la bestia.*

Nicola Gammon, amiga de Kate.

Olaf Henderson, paisajista, experto en alta fidelidad.

Paddy John, nadador del estanque.

Paradiso, nombre de la propiedad de los Alvarez cerca de Barga, Italia, adquirida en 1972; en 2006, a la casa le agregaron una piscina.

Paul Thompson, sociólogo y nadador del estanque.

Percy, caminaba siete kilómetros para ir a nadar al estanque.

Piers Plowright, productor de radio, nadador del estanque.

Powells, Robert, actor y bailarín.

Rendcomb, aeródromo y aeroclub de Gloucestershire.

Reni Brendel, exesposa de Alfred Brendel.

Riccardo, dueño/administrador de la piscina de Barga.

Richard Himes, el más atlético de los socorristas.

Robert Sutherland-Smith, corredor de bolsa, nadador del estanque.

Roy, nadador del estanque.
Roy Houghton, jugador de póker.
Rudolph Strauss, primo de Albert Einstein, nadador del estanque.
Rupert Shortt, escritor, nadador del estanque.
Ruth Hajioff, acupunturista.
Sally Simon (1924-1984), hermana de Al.
Savannah Alvarez (n. 1990), hija de Adam y Cloe, nieta de Al.
Shane Khedoo, socorrista.
Simon Low, pareja de Luke.
Steve O'Connell, socorrista, capitán del equipo.
Sylvia Plath (1932-1963), poeta estadounidense, casada con Ted Hughes; su poesía, su vida y su obra son parte del libro de Al *El dios salvaje.*
Terry Turner, supervisor de los socorristas.
Tommy Cogan (n. 2009), hijo de Kate y Danny, nieto de Al y Anne.
Tony (Anthony) Holden, escritor, jugador de póker.
Tony May, socorrista.
Torquil Norman, sir, empresario inglés, aviador, filántropo, fundador del Roundhouse Trust. Al escribió un extenso artículo sobre él que apareció publicado en la revista *The New Yorker* y luego en el libro *Risky Business.*
Ursula Barr (1935-2008), primera esposa de Al; estuvieron casados entre 1956 y 1960.
Ursula Owen, editora, pareja de sir Frank Kermode.
Violet Alvarez (n. 1987), hija de Adam y Cloe Alvarez, nieta de Al.
Win, anciana nadadora del estanque.

Índice

En el estanque
Diario de un nadador

«E il naufragar m'è dolce in questo mare»